Golden Retriever

Finn Nielsen

Indhold

Indledende   **1**

Golden Retriever   **2**

Oprindelse og historie   2

Indsatsen   4

En historisk helt   6

Den nye vens karaktertræk   8

Uddannelse og erhvervsuddannelse   **11**

Positiv forstærkning i dit liv   11

På vej mod opdragelse af husholdningen   19

Træning af en Golden Retriever – trin for trin   **34**

Mange fordele   34

Vejledning om genfinding   40

Sundhed, pleje og ernæring   **76**

Racespecifikke sygdomme   76

Hundesygdomme i almindelighed   81

Den rigtige pleje   87

Den rigtige kost   106

Fordele ved en hund   **130**

Tvivl er menneskeligt   130

Fordele for den firbenede ven   130

Så mange gode grunde   141

Afsluttende ord   **142**

Kilder   **143**

Indledende

Tænker du på et nyt familiemedlem eller har du allerede besluttet dig? Uanset hvad det er: Din beslutning er truffet, og det bliver en Golden Retriever. Du træffer et valg, som mange andre har truffet før dig. Det er et godt valg!

Men måske er du nu også lidt usikker. Du ønsker ikke at gøre noget forkert og give din hund det hjem, den ønsker.

For det første skal du ikke bekymre dig for meget. Den bedste og største gave, du kan give din firbenede ven, er kærlighed. Du har i hvert fald meget af det, og du behøver ikke at bekymre dig om, at det ikke er nok. Et enkelt blik, og alt er forseglet. Din hund tager dig lige så meget til sit hjerte som du tager ham til sit.

Det første skridt er taget! Men der er brug for mere. I denne bog finder du alt, hvad du har brug for til pleje, pasning og generel viden om din Golden Retriever. Er du interesseret i oprindelsen og vil du gerne vide mere om din hunds historie? På de følgende sider kan du få svar på alle dine spørgsmål. Find ud af, om hans natur passer til dig, og hvor denne vidunderlige hund har sin oprindelse.

Men det er lige så vigtigt for dig at finde ud af mere om uddannelse og træning? Det er en meget god tilgang. Begynd så tidligt som muligt og gå den rigtige vej. Du kan finde mange vigtige tips om dette. Hvilken af dem du i sidste ende anvender, om du vil prøve det alene eller med hjælp, er helt op til dig.

Men én ting er også meget vigtig: sundhed. Du elsker din hund og ønsker naturligvis, at den skal forblive sund og livlig i lang tid. Alle dyr er forskellige. Mens den ene er lidt mere modtagelig, er den anden helt ligeglad. Du ved ikke med det samme, hvordan din Golden Retrievers tilstand er. Der er dog nogle ting, du kan gøre for at støtte din pelsede vens sundhed og velbefindende. Sygdomme, der kan opstå, og enkle tips, der er vigtige vejvisere, venter på dig på de følgende sider og vil fjerne nogle af dine helbredsbekymringer.

Ud over kærlighed og sundhed, hvad vil så være de vigtigste ting i din hunds hverdag? Du smiler sikkert nu, men en hund er trods alt en hund, og mad er næsten det vigtigste for den. Men der er forskelle. Hvad er godt, og hvad skal du undgå? Du vil snart få det at vide - hvis din hund ikke allerede fortæller dig sin personlige mening af sig selv.

Denne bog er en støtte til en hverdag, som nu stadig virker fremmed og ukendt.

Du skal ikke bekymre dig for meget. Gå roligt og roligt ind i hverdagen og nyd en dejlig tid sammen med din firbenede ven.

Den rette støtte er i dine hænder lige nu. Vi ønsker jer en vidunderlig tid med mange eventyr og oplevelser, som I og jeres pelsede skat aldrig vil glemme.

Golden Retriever

OPRINDELSE OG HISTORIE

En ting interesserer dig meget: Hvor kommer den hund, som du og måske din familie har valgt, fra? Du ved selvfølgelig præcis, hvem du har købt ham af, men det spiller en underordnet rolle her.

På et tidspunkt begyndte Golden Retrieverens historie at tage sin begyndelse. Det er ikke alle ejere af denne race, der kender til den, men lige nu er du en af de heldige, der kender til den. Har du nogensinde tænkt seriøst over det og måske endda fundet et svar for dig selv? Måske havde du ret. Find ud af det.

Man ved kun lidt om den egentlige start på avlen. Men året 1959 spiller en afgørende rolle, for indtil da antog man, at Golden Retrieveren stammede fra russiske cirkushunde. Dudley Marjoribanks havde købt sådanne hunde i England i netop dette år og bragt dem videre til Skotland.

På dette tidspunkt må vi dog gå nogle år tilbage og se på 1952. Det var netop i dette år, at man fandt Marjoribanks metodiske avlsprotokoller. Men det tog ti år, før de blev indsendt til Kennel Club i Storbritannien. Den dag i dag er de der stadig.

Lad os nu kigge ind i optegnelserne, i det mindste den del, der er overleveret fra historien. Ifølge de skriftlige beviser blev en gul retriever med bølget pels (han hed Nous) i 1864 parret med en tweed vandspaniel (Belle). Hvis den anden hunderace ikke betyder noget for dig, er der ikke noget galt med det. Desværre har den været uddød i mange år.

Opdræt af denne type fortsatte indtil 1890, hvor to sorte retrievere og en Irish Red Setter også blev inkluderet. I det nævnte år slutter optegnelserne imidlertid, og der findes ikke yderligere beviser.

Årsagerne hertil er ukendte. Det eneste, der står klart, er, at Marjoribanks døde fire år senere.

Navnet "yellow" eller "gold" blev anerkendt af Kennel Club i 1913 i forbindelse med retrieveren som race. Det tog endnu et par år, i midten af 1920'erne, før Golden Retrieveren fik det navn, som vi kender den i dag.

Hvis du allerede har hørt om Kennelklubben, er det meget muligt. Fordi den stadig i dag betragtes som den førende avlsforening for din valgte hund.

Golden Retrieverens popularitet spredte sig især hurtigt i Canada, England og USA. Men også Tyskland sluttede sig til tilhængerne. I 1990'erne var det især tv-programmer og film, der gjorde denne vidunderlige hund så populær i vores land.

Folkets kærlighed til dette dyr har ikke ændret sig indtil i dag. Tværtimod: den er vokset støt og roligt, og i dag er Golden Retrieveren en af de mest populære hunderacer i verden. Situationen er ikke anderledes for avlsforeninger i Tyskland.

Som hushund er denne race meget populær og ses ofte i Benelux-landene og Skandinavien. Frankrig og Brasilien slutter sig også til rækken og kan ikke undslippe blikket og kærligheden til dette vidunderlige dyr. Som du kan se, har Golden Retrieveren haft en spændende tid og en stor historie. Selv om ikke alt kan formidles ned til mindste detalje, er det nok til at give et godt overblik.

Han har allerede set så mange lande, og hans tørst efter at opdage nye ting kender ingen grænser.

ANVENDELSE

En ting ved du sikkert allerede: Golden Retrieveren er en vidunderlig hund for alle mennesker og familier. Her bringer han glæde og lykke.

Men der er meget mere i ham end det. Ud over hans rolle som lykkebringer i huset er der mange anvendelsesområder, der er ideelt egnet til ham og fremmer hans færdigheder optimalt.

Denne hunderace gør et rigtig godt stykke arbejde som redningshund. Med omhu og ro tager han sig af sin opgave med at hjælpe mennesker. Han er endda blevet brugt i krige og har reddet liv, som ville være gået tabt uden ham.

Golden Retrieveren kan også se tilbage på en karriere som narko- og sprængstofopsporingshund. Uanset om det er i toldvæsenet eller hos politiet - her er han en trofast følgesvend og har allerede løst mange sager til fuld tilfredshed. Han er lige så velkommen og uundværlig for sine ejere som en ledsagehund for handicappede. Her kan han være en støtte for blinde, men også for døve. Det er fantastisk. Goldie tilpasser sig vidunderligt og kan uden besvær erstatte øjne eller endda ører.

Folk med psykiske problemer eller endda fysiske lidelser, f.eks. udløst af traumer af enhver art, finder også stor støtte hos ham. Som terapihund fører han mennesker tilbage til en normal hverdag og bringer livsglæden tilbage.

Med alle disse anvendelsesmuligheder skal man dog også huske på, at ingen Golden Retriever kan gøre alt dette let fra starten. Det kræver en vis oplæringsperiode. Hvor lang tid det tager, kan ikke siges. Det varierer fra hund til hund, ligesom hos mennesker: Alle lærer forskelligt og i forskellige hastigheder. Det vigtige er, at det starter tidligt. En ung hund lærer betydeligt bedre og hurtigere end en ældre hund, selv om det også skal siges her, at en Golden Retriever under ingen omstændigheder må være for gammel til at begynde på en så kompleks træning.

På trods af alle mulighederne er og forbliver Goldie en fantastisk familiehund. Man må aldrig glemme, at selv en ven i daglig brug altid ønsker at vende tilbage til familien og sikkerheden.

Her er der brug for en god balance. Kun når alt er i orden, kan det virkelig lykkes at redde et liv, erstatte sanserne og finde andre farer.

EN HISTORISK HELT

Nu har du allerede lært en hel del om anvendelsesmulighederne, men det kræver ikke altid et sådant miljø for at blive en stor helt.

I det følgende finder du et par historier, der virkelig er sket. Det er ikke helt klart, om de er blevet overleveret helt identisk, men i det store og hele er de sket på nøjagtig samme måde.

Endnu en gang viser disse rapporter, hvad der ligger i dvale i en Golden Retriever. Han er ikke bare en hund, men kan ændre hver eneste dag i dit liv. Han bringer kærlighed, tryghed og er en helt i alle tænkelige situationer.

Historie 1: Toby og æblet

Denne historie handler om Toby, en golden retriever. Hans ejer Debbie befandt sig i en meget dramatisk situation. Hun spiste et æble med glæde, men blev kvalt i det, mens hun spiste. Da hun ikke længere kunne tale, var der ingen måde at gøre sig selv hørbar på ved at råbe.

Toby erkendte dog straks behovet og hoppede op på sin frues bryst. Det stykke, der havde siddet fast i Debbies hals, løsnede sig og sprang ud af hendes mund. Hendes hund reddede hendes liv. Uden hans hjælp ville Debbie måske ikke være i live i dag.

På grund af sin redning og dygtighed modtog Toby prisen som "Årets hund" i 2007.

Historie 2: Brutis og slangen

Denne historie om Goldie Brutis er ikke helt så sød som æblet. Navnet på det barn, der spiller en rolle her, er ikke kendt, men ikke desto mindre blev denne oplevelse inddraget i historien.

Brutis syntes ikke at tænke på konsekvenserne, da han så den giftige slange. Den nærmede sig konstant en lille dreng, som ikke syntes at bemærke eller se faren.

Brutis genkendte den imidlertid og kastede sig uden at tænke sig om over slangen og forhindrede den i at tage et dødeligt bid. Golden Retrieveren kunne imidlertid ikke undslippe hugtænderne og blev bidt af dyret.

Heldigvis kom hjælpen hurtigt, og historiens store helt blev reddet. Han overlevede angrebet, og til sidst fik han helt sikkert en ny ven for livet.

Det vides ikke, hvad der blev af slangen.

Brutis modtog "National Hero Dog Award" for sin heltegerning i 2004 og nød det bedste helbred.

Historie 3: Amber og ulykken i sneen

En meget ung hund (15 måneder) er heltinden i denne sidste historie. Hun var på rejse i Alaska med sin herre Otis, om hun var på ferie eller ej fremgår ikke af fortællingen.

Det eneste, der er klart, er, at de to kørte sammen på en snescooter. På rejsen blev de imidlertid ofre for en ulykke. Det er ikke klart, hvordan dette er sket. De blev kastet langt op i luften, og Ambers herre blev meget alvorligt såret. Han var immobiliseret, men Amber havde det fint og havde ikke pådraget sig nogen begrænsende skader.

Men det faldt hende ikke ind, at hun skulle forlade sin herre. Hun blev ved hans side hele natten og i den store kulde og forsøgte at varme ham så godt hun kunne. En ting er sikkert: Amber frøs helt sikkert også den nat, selv om hun måske er mere vant til disse temperaturer end en hund i det varme Europa.

Hunden virkede heller ikke til at være bange for andre dyr. Ifølge historien skal kragerne også have forsøgt at skade hendes herre. Amber stod dog fast og skubbede dem væk igen og igen - indtil de ikke gjorde flere forsøg.

Der gik en hel dag, og mirakuløst nok kom to snescootere forbi den tilskadekomne og den modige hund. Amber gøede så højt og så længe hun kunne for at tiltrække opmærksomhed på sig selv og sin herre.

Det lykkedes, og de to blev reddet.

En historie, der går lige i hjertet og gør det klart, hvad en golden retriever kan være i stand til.

Om historierne virkelig er foregået på nøjagtig samme måde, kan ingen andre end ejerne af de her nævnte hunde selv sige.

I sidste ende skete det dog på denne måde og gør det klart, at der i en Golden Retriever ligger en redningsmand af natur. Han beskytter de mennesker, han elsker. Der er ikke tale om rigtigt eller forkert her. Han står ved din side og beder ikke om meget til gengæld - kun det, som du alligevel giver ham i stor udstrækning: Din kærlighed!

DEN NYE VENS KARAKTERTRÆK

Ikke alle hunde er ens. Da du overvejede denne tilføjelse, spurgte du sikkert dig selv, om Goldie overhovedet ville passe til dig. Det er helt normalt. Som allerede nævnt er alle mennesker forskellige - ligesom alle hunde.

Så du kan måske lide at omgive dig med en livlig hund, mens andre foretrækker den stille del.

Nu er det selvfølgelig ikke alle Golden Retrievere, der er som de andre. Der er altid små forskelle i egenskaberne. I det store og hele er karaktertrækkene dog de samme.

I løbet af livet bliver den firbenede ven formet og kan ændre sig, men det er så i dine hænder.

> **Et lille tip:** Hvis du beslutter dig for at købe en hund fra et krisecenter, har den allerede en vis erfaring. Det er derfor muligt, at den har træk, som ikke direkte er opført her eller kun er klassificeret som mindre vigtige.
> Hvert dyr har sin egen historie!

Lydig: Golden Retrieveren er en meget lydig hund. Han blev engang opdrættet på denne måde og lytter til sit ord, selv om en ting skal gøres klart her: Selv en velopdragen Goldie har nogle gange sine problemer. På grund af fordelen ved let lederskab kan han bruges til jagt.

Hengivenhed: Goldie er hengiven og mere end kærlig. Denne race ønsker at behage i alt, hvad den gør. Du vil hurtigt opdage, at han elsker at nusse og ikke er et stridbart dyr. Hvis du af en eller anden grund er vred på ham, vil han være ked af det og vise det til dig i utvetydige vendinger. Et look, der vil blødgøre dit hjerte.

Munterhed: Denne race er uden tvivl altid munter. Du vil sjældent se en ængstelig eller endda hektisk hund. Disse dyr er rolige, griner indeni og tager dig altid med på dette niveau.

Legende: Alle Golden Retrievere elsker at lege, og det kræver ikke mange anstrengelser at overtale ham til at lege en lille leg. Alt, hvad der skal til, er at pege på en pind, og så er han klar ved siden af dig og vil ikke vente med at jagte efter den. Denne race er meget aktiv og har derfor brug for og ønsker en masse motion og vil også forsøge at trække dig med sig.

Familiet nærhed: Goldie elsker sin ejer og sin familie. Han ønsker ikke at være alene og ville derfor ikke være glad, hvis han ikke så nogen omkring sig hele dagen. Du skal ikke blive overrasket, hvis han altid vil være sammen med dig og følger dig eller andre familiemedlemmer overalt. Det kan derfor være svært at efterlade ham på en hundepension i en længere ferie. Din Goldie vil meget hellere gå med dig.

Intelligens: Denne race er særlig klog, og det er ikke noget problem for Goldie at lære nye ting. Det går hurtigt, og motivationen synes aldrig at stoppe. Hvis noget ikke lykkes, er det lige meget, de prøver igen. Men som regel tager det ikke mange forsøg.

Trang til at flytte sig: En Goldie, der kun er i kennelen, er ikke en glad hund. Det er vigtigt, at han får sit løb. Hvis der ikke er en stor ejendom til rådighed, er det vigtigt, at du går en tur med ham hver dag, uanset vejret. Din hund vil ikke have noget imod det. Regn og storm generer ham slet ikke. Så glem ikke din regnjakke!

Hundekærlighed: Hvis du allerede har en hund, er dette ikke noget problem. Mens andre racer ofte har problemer med andre hunde, er dette ikke tilfældet med Goldie. Han kommer godt ud af det med andre hunde, er ikke stridbar og passer ind overalt. Det betyder: Han er super velegnet som anden hund og skelner ikke mellem racerne.

Som du kan se, har en Golden Retriever kvaliteter, som hurtigt overbeviser alle. Du som ejer vil hurtigt finde ud af, hvor udtalte de er hos hver enkelt hund. Tag dig god tid, find ud af, hvordan din hund er, og gå en vidunderlig vej sammen med den, der er fuld af udvikling.

Det, der ikke er der nu, kan blive synligt med tiden. Som regel er en Golden Retriever dog en sød og rolig hund, som gør hverdagen endnu mere perfekt.

Uddannelse og erhvervsuddannelse

POSITIV FORSTÆRKNING I DIT LIV

Som alle andre hunde har en Golden Retriever brug for god træning. Selv om han er en familiehund, er der visse regler, som han skal følge. Kun på den måde er det muligt at leve et harmonisk og afbalanceret hverdagsliv uden altid at skulle spille den store moralisator.

De vigtigste råd om, hvordan og hvornår du bør starte, er opsummeret nedenfor og giver et groft overblik. Hvordan du i sidste ende griber det an, afhænger af dig og selvfølgelig af din hund.

Det er vigtigt ikke at opbygge unødigt pres, men også ikke at give for meget efter for spilleinstinktet. Du vil helt sikkert finde en god balance.

1. så tidligt som muligt

Selvfølgelig: Det er ikke let, når man får en Goldie ind i sit hjem, som allerede er et par år gammel. Du kan selvfølgelig stadig vænne ham til nogle få regler.

Men det er endnu nemmere med en hvalp, for for en Golden Retriever gælder det, at jo tidligere du begynder, jo bedre. På denne måde kan du nemt få din nye ven til at vænne sig til god social adfærd.

Måske kan man til en vis grad sammenligne det med et menneske. Det, vi altid har vidst, er ikke noget problem for os. Men når vi bliver ældre og skal vænne os til noget nyt, er det en anden historie. Det betyder ikke, at vi ikke kan. Vi lader også nye omstændigheder komme ind i vores liv, men det kan tage tid. Det er på samme måde med en hund, der allerede er et par år gammel og allerede har opnået visse erfaringer. De behøver naturligvis ikke altid at være dårlige.

Her er et lille eksempel: Forestil dig, at du får en Goldie fra dyreinternatet. Hvorfor han var der, er i første omgang ikke vigtigt. I sin tidligere familie var han vant til at spise sin mad hver dag ved køkkenbordet sammen med familien. Når han kommer til et nyt hjem, vil han måske gøre det igen. Du kan helt sikkert få ham fra denne vane, men det vil tage et stykke tid.

I princippet behøver du dog ikke at bekymre dig så meget om dette. Uanset om den er ældre eller ej: En Goldie er meget glad for at blive trænet, og du vil ikke have det svært med den. Men vent ikke for længe, og start så tidligt som muligt for at opnå hurtige og gode resultater.

2. altid være konsekvent

En ting er meget vigtig, og du bør aldrig glemme den, uanset hvor store øjne din Goldie ser på dig: Vær altid konsekvent.

Det er næsten som med små børn. Hvis du giver efter for ofte, kan det være svært at komme tilbage til de mønstre, du har lært.

Men lad os vende tilbage til din firbenede ven. Når du er ved at gennemføre en regel, så slå dig selv på knoerne, hvis du ønsker at "rive den ned" igen. Et eksempel kunne være at fodre fra bordet. Du sidder udenfor og spiser, og din hund løber rundt om bordet og tigger hele tiden. Med tiden har du trænet ham til ikke at gøre dette. Han ved præcis, at han ikke kan forvente noget af dig her. Men så bryder man ud. Du kan ikke se væk, han kigger på dig, og pludselig har han alligevel fået pølsen, som han faktisk ikke har ret til. I øjeblikket ser det ud til ikke at have nogen betydning, men din regel og gode opdragelse er faldet på det tidspunkt. Nu vil din Golden Retriever altid være med ved bordet, når du eller din familie spiser der.

Du skal dog også huske på, at din Goldie gerne vil behage dig. Du skal ikke skælde ham ud, hvis han igen forsøger at "stjæle pølser". Det er nok, hvis du irettesætter ham blidt. Du vil blive overrasket over, hvor hurtigt han forstår sin fejl. Dette skyldes også denne races venlige natur, som mange gange vil overraske dig.

Fejl bliver hurtigt erkendt, men også meget hurtigt udlignet. Selv hvis du er nybegynder inden for hundetræning, behøver du ikke at bekymre dig.

Du skal dog også huske på, at hvis der er flere familiemedlemmer, skal de alle være med. Der er ingen fordele, hvis du gør det på denne måde, og dine børn gør det på en anden måde. Selv om du ikke kan overlade undervisningen til dem, er det vigtigt, at de følger reglerne. Hvis din Goldie har lært noget, kan du dele det med dine børn og forklare dem, hvad de skal være opmærksomme på i fremtiden. Så finder resten sig selv, og du kan bygge på din uddannelse lidt efter lidt.

Derfor er det vigtigt aldrig at give op, men altid være kærlig og fast. Så vil du snart have en hund i din familie, som lytter til dine ord (hvis den vil).

3. ikke fortvivle, når der opstår problemer

Selv om en Goldie er en meget føjelig hund, kan der opstå problemer med træningen. Her er det vigtigt, at du ikke bebrejder dig selv, og at du heller ikke bebrejder din firbenede ven.

Der er mange grunde til, at tingene ikke går, som du ønsker det. Det kan være, at vaner er blevet undertrykt, eller at man har givet efter for dem. Som allerede nævnt kan det også være, at din hund tidligere har haft oplevelser, som du ikke selv er klar over.

Det er vigtigt, at du forholder dig roligt på dette tidspunkt og søger efter mulige løsninger.

For det første kunne du simpelthen intensivere dine bestræbelser og på den måde finde ud af, hvorfor det ikke virkede. I vil helt sikkert blive opmærksomme på en eller to fejl, som I sammen kan rette op på. Men det tager tid og kræver ikke noget pres. Det, der ikke virker i dag, kan virke i morgen. I skal altid se jer selv som et team. Du er ikke læreren for din hund, men det er et samarbejde, som vil bære frugt.

Er du bange for, at du ikke kan klare det alene? Det er et vigtigt og godt skridt, hvis du indrømmer det over for dig selv. På den anden side betyder det ikke, at der ikke er nogen løsning. Hvad synes du om en hundeskole? Tag et kig rundt. Måske findes der et sådant læringscenter i nærheden af dig. Men hvis det kræver en masse besvær og rejsetid, kan du også kigge dig omkring på nettet. Det betyder, at du i dag også kan tage lektioner for din hund online. Kan du ikke forestille dig det? Du vil blive overrasket. Oplev vidnesbyrd, der vil inspirere dig. Mange hundeejere har formået at styre deres firbenede ven kærligt i den rigtige retning på denne måde.

Selvfølgelig: Det kræver en masse motivation og udholdenhed, men det er en ny måde at gøre det på. Ulempen er dog, at du ofte er nødt til at tvinge dig selv. Der er ingen lærer her, der kan give dig en frist. Hvis du ikke ønsker at lære noget, behøver du ikke at lære noget.

Men det er netop her, problemet ligger: Det er vigtigt, at hundeskolen besøges regelmæssigt og konsekvent. Det er ligesom selve uddannelsen. Først da kan den også blive kronet med succes.

Især nye øvelser kan blive glemt af din Goldie, hvis de ikke gentages regelmæssigt. På et tidspunkt vil de blive "fast", men det kræver en vis øvelse.

Det er helt op til dig at træffe beslutningen. Du kender dig selv og naturligvis din hund bedst. Hvis du mener, at det er bedre at gennemføre en sådan træning personligt, så gør det og lad være med at eksperimentere. I sidste ende er det tid, der går tabt, og det er meget vigtigt, især i forbindelse med opdragelsen af hunden.

Find ud af det, og bliv ikke utålmodig. Med tiden vil din Goldie også lære, hvad der er vigtigt.

4. modvirke jagt

Du ved det sikkert allerede: Golden Retrieveren er en jagthund, og det kan du ikke gøre noget ved. Eller kan det? Ja, en lille smule, for det er en fordel, hvis man i nogen grad modvirker dette instinkt.

Hvorfor er det så vigtigt? Årsagen er ganske enkel. Du kan få en meget velopdragen Golden Retriever. Du har lagt en stor indsats i det, du er tilfreds, og alt fungerer, som du havde forestillet dig.

Men så kommer det øjeblik, hvor du spekulerer på, om det hele var forgæves: Du er ude med din hund, den lytter til dine ord, men så løber den af sted, og der er ingen mulighed for at stoppe den. Du kan kun se årsagen, der kommer farende rundt om hjørnet. Det er en kanin, der løber for sit liv. Du kan råbe og plædere her, men det vil ikke ændre noget. Måske vil din Goldie ikke give op, før den har fanget haren, eller måske kommer den tilbage tidligere. Det vil du finde ud af i løbet af de næste par minutter.

Det er berettiget, hvis du tvivler på dig selv her, men i princippet har du ikke gjort noget forkert i opdragelsen. Din hund er en Golden Retriever, og jagten ligger dybt i ham - uanset hvor god og langvarig træningen var og er.

Men hvordan kan du modvirke dette problem? Det er ikke så svært. Konfronter din Goldie med sit jagtinstinkt, mens du træner derhjemme. Prøv at genopføre denne scene. Hvordan du gør det, er op til din fantasi. Vis ham, at det ikke er rigtigt at jage kaninen nu. Det er bestemt ikke let at gentage præcis dette, men din hund vil med tiden forstå, at det ikke er rigtigt. Forklar ham, at målet ikke er haren, men dit ord.

Derhjemme har du mulighederne, og så er det ligegyldigt, om han løber hen til det efterlignede dyr. Han vil hurtigt komme tilbage, og du kan lade opdragelsen råde. Det behøver selvfølgelig ikke at være en kanin.

Måske er der en kat i familien. Det lyder måske mærkeligt, men din Goldie skal også vænne sig til dem, og du vil helt sikkert gerne have, at de kommer godt ud af det sammen.

Tag dig god tid, afprøv grænserne, og du vil snart se, at der ikke længere er nogen hare at jagte.

Selvfølgelig: Der vil altid være et stykke hund tilbage i nogle tilfælde, men hvis du altid kigger efter og griber ind på det rigtige tidspunkt, er der heller ingen problemer.

I kan gøre det, og sammen behøver I ikke at bekymre jer om den store jagt i skoven.

Husk altid på dette punkt: Din hund ønsker at behage dig. Det er helt normalt med en Goldie. Så tøv ikke, og husk, at det alligevel ikke kan lykkes. Din hund er føjelig og ønsker, at du skal være glad for den. Så du må ikke give op, men altid "holde dig i gang".

5. godt samarbejde

Det er helt normalt at være usikker, især hvis det er din første hund. Du vil ofte spekulere på, om du gør alting rigtigt, og den mindste negative ændring vil få dig til at spekulere.

Du må dog ikke lade dig selv blive for usikker. Det er ikke godt for dig og ikke godt for din hund. Han kan mærke, når du er bekymret eller tøvende. Så kan det, du har formidlet med møje og besvær, hurtigt blive glemt. Men her skal det siges igen: Din hund vil dig ikke noget ondt.

Det er vigtigt, at du arbejder sammen med din hund. Bare fordi han kigger på dig med store øjne, må du ikke give efter. Men du skal også erkende, at det ikke er hans dag i dag, og at han måske ikke har lyst til at lære noget. Ligesom med et menneske er det ikke hver dag, der er den samme med en hund. Her er det nytteløst at lægge pres på. Det, han ikke ønsker at lære i dag, kan du lære ham i morgen, når han har lyst til at lære mere. Så vil du også opnå større succes, og det er godt for jer begge.

Men husk også, at du ikke nødvendigvis skal "gå forsigtigt" med en lille hund, bare fordi den er ung. Det ville være den helt forkerte måde. Som du allerede ved, er især hvalpe meget føjelige og lærer hurtigt. De har endnu ikke haft nogen oplevelser, der stopper eller foruroliger dem. Du har mulighed for at "skubbe" din lille protegé i den helt rigtige retning, hvis man kan sige det på den måde.

Ja, det er virkelig ikke let at fortælle en sød og lille Golden Retriever, at det er nok med at lege nu. Det behøver ikke at være tilfældet hver dag og hver gang. Men én ting er klart: Det kan kun lykkes, hvis begge parter ønsker det. Selvfølgelig vil din hvalp ikke komme til dig og bede om at lære sammen med dig. Det kræver din "indgriben" og din motivation. Hvis disse to ting er til stede, vil I også hurtigt finde sammen og nå målet sammen.

Godt samarbejde er vigtigt, og selv om du ikke tror det: Din lille Goldie ved præcis, hvad det betyder. Han venter bare på, at du nærmer dig ham, og at I sammen går en stor og ny vej.

6 Læring gennem leg

Måske har du ventet på dette. Et tip, der hjælper dig med at kombinere det gode med det nyttige.

Derfor er det vigtigt, at du kender dine personlige grænser, før du anskaffer dig en hund. Hvad må han ikke gøre? Gå i gang og lav en liste. Måske må han ikke være på sofaen eller i sengen. Skriv alt ned og forbyder det straks, når din hvalp er i huset. Det er nemmest, hvis han slet ikke gør det. Det kan naturligvis også gøres på en legende måde. Lok ham væk fra sit hyggelige sted med et dejligt stykke legetøj. Du kan også "bestikke" med godbidder, men det skal altid være inden for rimelighedens grænser. Goldies elsker at spise for at leve af det. Der bør stadig være en forskel mellem det daglige måltid og belønningen.

På samme måde kan du forsøge at lære din hund at hente på denne måde. Et nyt legetøj er også meget velegnet her. Lad fantasien få frit løb, og find din egen personlige vej. Lad din hund hoppe op efter dig i et kort øjeblik, og vis den så, at det ikke er i orden. Meget er muligt på en legende måde.

Dette styrker ikke kun selve indlæringen, men fremmer også båndet mellem dig og din hund. Din firbenede ven vil meget vel lære grænserne at kende og med tiden forstå, hvad der er rigtigt og hvad der ikke er rigtigt.

Grundlæggende kommandoer og grundlæggende kommandoer kan læres, når I på en legende måde finder en fælles vej. Igen er der behov for balance. Du skal ikke spille for meget, men du skal heller ikke kommandere for meget.

Lyder det svært? Det er det ikke. Du vil helt sikkert finde en måde, der vil føre dig til en velopdragen hund.

7. klog og ivrig efter at lære

En ting, du aldrig må glemme, er, at du har valgt en klog og læringsparat hund.

Selv hvis der er problemer, vil han altid være klar til at lære og finde tilbage til sin egen vej. Han ønsker ikke at skuffe dig, men at vise dig, hvad han kan gøre. Hvis du er glad, er din hund det også.

Du vil blive overrasket over din hunds udholdenhed allerede efter kort tid. Når du måske allerede har lyst til at lægge fødderne op, er din protegé lige begyndt. Hans vilje til at gøre alting godt og korrekt er ubrudt.

I sidste ende fungerer det dog kun, hvis du er ved hans side og arbejder sammen om uddannelse.

Men hvornår er det helt rigtige tidspunkt for at få en god start? Hvis du kan, kan du starte fra den 10. uge. Dette henviser naturligvis til hundens alder. Den skal ikke være for lille, men heller ikke for gammel. Der er naturligvis forskelle, hvis du tager en voksen hund ind i dit hjem. Men også her behøver du ikke at bekymre dig. Han vil allerede have fået en vis uddannelse, og hvis ikke, er det fint nok. Du ved: Han er føjelig og vil gerne lære.

Din Goldie vil sende dig klare signaler. Hvis du lægger mærke til, at han ofte ligger på ryggen, er der en god grund til det. Han viser dig, at han er underdanig. Det er ikke et dårligt tegn. Det viser dig, at han ved præcis, at det er dig, der bestemmer, og ikke din hund. Glem aldrig: Selv om din hvalp er sød, skal du være "ansvarlig" og fastsætte klare regler.

Da din hund elsker at lære, bør du også starte tidligt med de vigtigste ting. Udskydelse kan håndteres her og der, men ikke på ét område: renlighed. Hvis din hund bor indendørs, bør du tage fat på det først. Hvis han er udenfor, er det selvfølgelig ikke så vigtigt. Hvad angår det andet punkt, er halsbåndet relateret til snoren. Selv om din hund går sikkert ved siden af dig, skal den have en snor. Det er ikke altid tilladt at gå med hunde uden snor. Det er vigtigt, at din sigtede også ved det, og at du kan trække på det, hvis det værste skulle ske.

Hvis du ikke synes, at det er noget særligt, skal du ikke være bekymret. Han vil vænne sig til det, især hvis han stadig er en hvalp nu.

PÅ VEJ MOD OPDRAGELSE AF HUSHOLDNINGEN

Det er en af de første ting, der skal virke, i hvert fald hvis din hvalp ofte er indendørs og ikke altid har mulighed for at gøre sine behov udenfor.

Ville det ikke være for dejligt, hvis din firbenede ven kom hjem til dig, når han eller hun allerede var blevet trænet? Desværre vil dette ønske sandsynligvis ikke blive opfyldt. Selv hvis du giver en ældre hund et hjem, skal den først vænne sig til de nye forhold og træne visse ting. Det betyder, at selv om han allerede er blevet trænet, skal du stadig holde øje med og være meget opmærksom på, om det virker eller ej. I værste fald er du hurtigere ude af skoven, end du gerne vil.

Ikke desto mindre: Det sværeste er at vænne en hvalp til, at den ikke kan indrette sit "stille sted" overalt. Det er vigtigt, at du giver dig god tid til dette og ikke mister tålmodigheden for hurtigt. Det vil helt sikkert ske i begyndelsen, at der går noget galt. Det er ligesom med forældreskab: Det er ikke altid, at alting lykkes første gang. Det ville være for nemt. Hvad kan du gøre for at nå dit mål om en "ren" hund?

1. gå regelmæssigt udenfor

Dette er den højeste prioritet, hvis du ønsker at få succes på lang sigt og hurtigt. Husk dog på, at en "faste" strækker sig over flere måneder. Du vil ikke få succes fra den ene dag til den anden. For selv om du følger alle regler, vil din voksende hund ofte have andre ting i hovedet og vil ikke forstå, hvad du vil fortælle den.

Det er derfor vigtigt, at du går udenfor hver dag. Hvornår er det bedste tidspunkt at gøre det? Du kan orientere dig ret godt på mennesker. Det lyder måske fjollet, men mennesker går normalt på toilettet lige efter at være stået op. Det er det samme med hunde. Han går måske ikke på toilettet, men han har bestemt et behov, som ikke tåler meget forsinkelse. Hvis det ikke er tilfældet, kan du også træne ham til at gøre dette.

Så begynd med at tage din firbenede ven med ud hver morgen. Du behøver ikke at gå i en time. Hvis din hvalp allerede har gjort sit arbejde efter ti minutter, kan du gå hjem igen. Han vil ikke forstå med det samme, at det var derfor, I gik ud, men på den måde kan du vænne ham til faste tider. Det tager naturligvis tid, men det er en god start.

Men det er ikke kun godt at gå udenfor efter at være stået op. Det er også vigtigt efter fodring. Du kan kombinere dette. Hvis din hvalp får sin mad først om morgenen, behøver du ikke at tage snoren to gange. Det er nok at lade ham spise og derefter gå en tur.

Det kan også betale sig efter en længere spilsession. I bedste fald sker det i naturen, og du har direkte kombineret det ene med det andet. Hvis det ikke var muligt, fordi vejret var dårligt, skal du sørge for at gå en tur i frisk luft, selv om det kun er et par skridt.

For især efter at have spillet er tarmene også i bevægelse. Det ville ikke være usædvanligt, hvis din hund ønskede at gøre sine behov.

Måske rejser der sig et spørgsmål på baggrund af disse forklaringer: Hvad kan du gøre, hvis din hvalp ikke vil det? Det kan sagtens ske. Mange små slyngler har ikke meget lyst til at gå udenfor tidligt om morgenen eller lige efter at have leget og spist, hvis de ikke er vant til det til at begynde med. Du kan argumentere og tale sødt, men det hjælper ikke meget, ifølge mottoet: Hvad den lille hund ikke vil have, vil den lille hund ikke have.

Men det må du under ingen omstændigheder tillade, at det sker. I sidste ende er det dig, der skal rydde op i rodet, og det er bestemt ikke i din interesse. Helt ærligt, din hund vil foretrække og føle sig bedre tilpas senere hen, hvis den ved, hvordan og hvor den kan "gå".

Så hvilken mulighed har du for at overbevise din hvalp? Det er ganske enkelt: Tag ham i armene og tag ham med udenfor. Det lyder for nemt, men det er det også. Han har intet valg der, han vil føle sig godt tilpas, og når du er lidt væk hjemmefra, kan han bevæge sig frit.

Indtil din hvalp er tre måneder gammel, skal du forsøge at gå udenfor hver tredje time. Følg de foreskrevne aktiviteter, og hold øje med uret. Det er meget muligt, at det vil ske tidligere.

En Goldie er ikke som os mennesker et urværk. Når han er nødt til det, så er han nødt til det. Vær opmærksom, men husk også, at du ikke behøver at jagte ham hvert sekund. Det er ikke godt for dig og din hund.

Det er meget vigtigt: Hvis det har fungeret udenfor, og din Goldie har lettet sig selv, er det passende at rose ham meget. Dette kan være helt overdrevet. Det er vigtigt, at din hvalp forstår, at den har gjort det rigtig godt. Så glæder han sig allerede til næste gang og vil snart komme frivilligt udenfor. En lille godbid er også tilladt fra tid til anden.

2. det rigtige tidspunkt

Én ting er klart, og det er det samme for alle hvalpe: de kan ikke lide at gøre deres forretninger i nærheden af soveområdet. Det betyder ikke nødvendigvis kun det sted, hvor de sover. Det kan også betyde hele huset. Her skal forskellene fra hund til hund stadig findes ud af det.

Hvad betyder det? Du behøver ikke blive overrasket, hvis din hvalp ikke føler behov for aflastning, før den har forladt hjemmet et godt stykke tid.

Endnu en gang på dette tidspunkt: Tålmodighed er vigtig. Selv hvis det ikke skulle blive til noget, skal det her igen siges, at selv en uproblematisk proces ikke er nogen garanti. Hvis din hvalp altid har haft succes med at gøre sine behov udenfor, kan det være, at den stadig er indenfor den næste dag. Det er ikke for at drille dig, men han er simpelthen ikke klar på nuværende tidspunkt og har brug for mere tid. Giv ham dette, og du vil snart have en hvalp, der er trænet til at gå i huset.

Men hvad er tegnene på, at din hund absolut skal gå udenfor? Det kan du let genkende:

> ➤ Han bliver rastløs og løber måske frem og tilbage. Han kan også sætte sine poter på døren og endda vise dig, at han gerne vil ud (men så er han allerede ældre). Det er vigtigt at holde

øje med en mærkbar og usædvanlig rastløshed, som ikke kan beroliges.

➢ En stærk sniffing kan også være en årsag. En Goldie er en jagthund og vil altid snuse til noget her og der. Men i dette tilfælde forekommer det uophørligt og vil ikke stoppe. Hvorfor han gør det, er ikke bevist, men det er tydeligt og bør analyseres nøje af dig. Det er bedre at handle en gang for meget end for lidt.

➢ Som allerede kort nævnt kan det også være et fingerpeg at gå til døren senere. Det vil dog helt sikkert ikke ske de første par gange. Men hvis du holder dig til dit daglige ritual og går udenfor med ham, vil han hurtigt vide, hvad der venter bag døren.

➢ De fleste hunde drejer rundt i cirkler, før de gør deres behov. Men her skal du vide, at det er virkelig på høje tid. Det er som regel præcis det, der sker lige før fravænning. Du kan også observere dette udenfor. Det er kun sjældent, at din hund bare stopper op og "går efter det". Han drejer rundt i cirkler et par gange, og så føler han sig klar. Det lyder sjovt, men det er en helt normal reaktion.

Hvis du opdager blot et af disse fire tegn, er det på tide at gribe ind. Så burde det ikke tage lang tid at komme udenfor.

Du kan selvfølgelig tage fejl, og din hvalp kan bare have det sjovt med at snuse, fordi du måske har lavet noget lækkert mad. Det vil du hurtigt finde ud af.

Reglen bør være: Det er bedre at gå udenfor en gang mere end en gang for lidt!

3. forskel i det nye hjem

Men på trods af alle anstrengelserne kan det ske, at det bare ikke lykkes. Her kan det være en hjælp at informere sig på forhånd. Du har sandsynligvis fået din hund fra en opdrætter eller en anden privatperson. Han vil have gjort sine forretninger der før. Hvis der er forskelle her, kan en hvalp få det svært.

Hvad betyder det for dig? Finde ud af, hvad der er anderledes, og forsøge at løse det, hvis det er muligt.

Det er derfor muligt, at din hvalp havde en bestemt overflade i sit gamle hjem, som den gjorde sine forretninger på. Nu er han flyttet, og det er ikke længere tilfældet. Det synes ikke at være noget stort problem for os, men det er et reelt problem for en så lille hund. Det betyder ikke, at du behøver at købe præcis den samme pude til ham. Det tager bare lidt længere tid, og du kan give ham mere tid til at vænne sig til de nye forhold.

Men distraktion spiller også en stor rolle. Verden er ny og smuk. Især efter en flytning er der så meget at se. Så hvorfor skulle jeg som lille hund koncentrere mig om noget, der virker helt af sig selv? Det er nogenlunde, hvad din hvalp vil tænke, og du vil helt sikkert straks forstå, hvorfor det ikke altid fungerer. Her er en fugl, og der er en smuk blomst. Tiden går så hurtigt, døren er lukket, og pludselig er følelsen af at være forpustet tilbage. Men på det tidspunkt er det for sent, og der er ikke andet at gøre end at "lade det køre".

Selv om det er svært, kan det hjælpe at undgå distraktioner i dette tilfælde eller at blive i luften i et par minutter længere, hvis sådanne begivenheder er ret spændende for hvalpen.

Når døren er lukket, vil du stole på den i hverdagen, som han ikke behøvede at gøre det. Men du kan ikke vide, hvad der foregår i din hunds hoved - kun når du ser den i værste fald.

Men det kan også hjælpe at finde det sted, som din hund virkelig kan lide. Du kan ikke vide, hvor dette sted er, men din hvalp vil vise dig det. Dette tager ofte noget tid. Giv ham den. I begyndelsen har han måske ikke noget fast bestemmelsessted, men vil gøre sine forretninger her og der. Med tiden vil han dog finde et sted, som han besøger igen og igen. Det behøver ikke altid at være nøjagtigt det samme sted. Mange hunde foretrækker at gå bag huset. Det kan også være tilfældet med din firbenede ven. Så hvis du er i tvivl, skal du kigge efter dette sted. Hvis han virkelig er nødt til det, vil han senest vide, hvad han skal gøre der, og så kan han komme fri.

4. træning i kasse

En anden måde at vænne din hvalp til ikke at gøre sine behov overalt i hjemmet er at træne hvalpen i kasse.

En ting skal dog siges: Den er ikke populær hos alle hundeelskere og især ikke hos eksperter. Ofte lyder det, at hunden føler sig spærret inde eller berøvet sin frihed. Du vil kunne finde ud af, hvorfor det er sådan, eller hvorfor dette indtryk kan opstå på baggrund af forklaringerne.

Men hvad handler det hele om? Som navnet antyder, er idéen at vænne din hvalp til at tænke på kassen som et sted at gøre forretninger. Lidt ligesom det er med katte. Men det er ikke så let, hvis din hund ikke er vant til det. Igen afhænger det af, hvordan den tidligere ejer har håndteret den. Hvis den tidligere ejer allerede har haft denne form for erfaring, vil du helt sikkert ikke have nogen større problemer.

Men hvorfor er dette punkt blevet nævnt her? Der vil ganske enkelt altid være dage, hvor du ikke kan gå udenfor regelmæssigt. Især om natten kan det være en stor fordel, hvis din hund går ind i kassen og gør sine behov der. Selvfølgelig er udendørs altid den bedste løsning, men det er i det mindste bedre end at have rodet indendørs om morgenen.

Er du nu interesseret og vil du vide, hvordan du kan gennemføre det? Som med alt andet tager denne øvelse meget tid, og som allerede nævnt er især eksperter ikke så begejstrede for den. I deres øjne er træningen ikke særlig hundevenlig. Det er bedst at afgøre selv, om du har det på samme måde. Måske er du begejstret, eller måske er du klar over, at det ikke er en mulighed for dig og især ikke for din firbenede ven. Det kan du kun finde ud af ved at prøve det uden at lade dig påvirke af andre stemmer og meninger. Det kan være, at du vil elske fordelene.

En ting bør stå klart fra starten: Hvalpe kan endnu ikke kontrollere deres krop, som vi gerne vil have dem til det. Hvis noget går galt og ikke kommer i kassen, er det ikke en dårlig hensigt.

Som en lille vejledning er der en timelønsforanstaltning. Alle hvalpe kan tilbageholde urin og afføring i timen, så længe de er måneder gamle. Det betyder, at når din hund er en måned gammel, kan den holde sin forretning tilbage (det drejer sig mere om de små) i en time. Når han er tre måneder gammel, kan han gøre det i tre timer. Det er en god udsigt, ikke sandt? Så behøver du ikke at gå udenfor så ofte, når hunden bliver ældre. Men det er vigtigt, at du ikke glemmer det helt. Senest efter fire timer bør din hvalp altid have lov til at gå udenfor og gøre sine behov. Ellers kan der ske en ubehagelig hændelse.

Først og fremmest er det tilrådeligt at indrette kassen på en attraktiv måde. Du har læst rigtigt: En hund vil også gerne føle sig godt tilpas. Hertil kan du vælge normalt strøelse, som selv krævende katte føler sig godt tilpas i, eller en gummimåtte. Hvis din hvalp f.eks. gjorde sine behov på måtten i den tidligere ejers hus, er det også et godt valg i din kasse. Så ved han allerede, hvordan han skal gøre det, og det vil måske lykkes hurtigere for dig. Prøv det.

Det er også vigtigt, at du vælger en overflade, som han ikke kan bide i. Især små hunde har stadig et meget udpræget legeinstinkt. Når de har tid, kommer de på alle mulige skøre idéer, som de ikke ville komme på i løbet af dagen. Så hvorfor ikke rive tæppet op fra kassen? Om natten, eller når der ikke er nogen hjemme, har de masser af tid. Du er allerede klar over, at der skal være et underlag eller en pude, som ikke kan påvirkes af små hundehvalpe.

Desuden er det vigtigt at sikre, at der ikke er påsat materialer, der kan sluges. Det er ligesom med små børn: Alt bliver set og taget i munden, i dette tilfælde i munden. Vær særlig opmærksom her, for det kan hurtigt blive en livsfarlig fælde. Det er naturligvis stadig tilladt at lægge et stykke legetøj i eller i nærheden af kassen. Du ved bedst, hvad din hund kan lide, og hvad den kan lege med uden opsyn.

Det er ikke kun overfladen, der er vigtig, men også selve kassen. Størrelsen skal passe til din hund. Det er også vigtigt at tænke på, hvor stor din hvalp vil blive senere. Du kan selvfølgelig købe en lille kasse i starten, men senere bliver du under alle omstændigheder nødt til at ændre den, så din firbenede ven også har plads nok. Din hund skal kunne stå op for at føle sig rigtig godt tilpas. Det skal også være muligt at vende og lægge sig ned under alle omstændigheder, for det kan meget vel være, at han skal tilbringe længere tid i sin kasse.

Det er også vigtigt, at din hund finder mad og vand i kassen, hvis den tilbringer lang tid i den.

Nu spørger du sikkert dig selv: "Hvorfor alt dette?" - handler det ikke om at gøre forretninger og derefter hurtigt gå ud igen? Nej, sådan er det ikke. Faktisk er det omvendt.

Din hund tilbringer f.eks. tre timer i kassen og skal i løbet af denne tid lære at lade være med at gøre sine behov der. En hund på tre måneder bør aldrig opholde sig længere i kassen. Så kan han gå ud og gøre sine behov.

Af denne grund er proceduren ikke populær hos alle hundeelskere. Din firbenede ven tilbringer en længere periode i en kasse, hvor han ikke har nogen motion. Det er vigtigt at overholde denne tid konsekvent for virkelig at opnå succes.

Det vil i hvert fald ikke fungere første gang. Giv din firbenede ven tid til at vænne sig til det. Men det kan også være, at han slet ikke kan klare det. Overvåg hans adfærd. Nogle hunde gør bevidst deres behov i kassen, fordi de er bange eller simpelthen føler sig utilpas.

Bemærk - også selv om det lyder uforståeligt for dig nu: Det skal ikke være for hyggeligt i kassen. Det ville være godt med et stykke legetøj, så din hvalp også kan gå i den. Men hvis du vælger en for stor kasse, er der risiko for, at din firbenede ven vil gøre sine behov i den ene side og ligge sig behageligt på den anden side. Her kan man ikke forvente en læringseffekt. Det er bedre at købe noget mindre, men sørg for, at han kan stå op.

Som allerede sagt: Overvåg din hund meget nøje. Det er ikke alle, der egner sig til kasseoptræning. Selv om det ved første øjekast ser ud til at være en rigtig god mulighed, afhænger det altid af samarbejdet med din firbenede ven. Hvis det ikke virker, og han har det tydeligt dårligt med det, bør du lade det ligge og finde en anden måde at gøre det på. Du vil helt sikkert finde en anden vej, selv om det tager lidt længere tid at få succes. Din hund vil takke dig, og det kan ikke give mening at fremmedgøre den.

5. om natten

Hvordan er det om natten? Her har man bestemt ikke meget lyst til at gå udenfor. Måske spørger du nu dig selv, om du ikke kan låse din firbenede ven inde i kassen om natten. Så ville "problemet" under alle omstændigheder være begrænset. Men det er ikke en god idé. Husk igen, at pladsen er begrænset, og at din hund kun bør tilbringe få timer i kassen. Du ville så være nødt til at stå op igen i løbet af natten og ville ikke være særlig glad for dig selv.

Det kan ske, at din hund leder efter et hjørne i huset, indtil den kan gøre sine behov. Det er heller ikke let for den firbenede ven, hvis han ved præcis, at han ikke må gøre det. Men hvad kan han gøre?

Der er i store træk tre muligheder. Du kan vænne ham til at tilbringe natten udenfor i en kennel. Det kan naturligvis ikke gøres fra den ene dag til den anden. Der er hunde, der slet ikke har problemer med det, men så skal du lære det at kende, når de er hvalpe. Igen er det vigtigt at starte i små skridt og ikke straks låse din hvalp helt inde derinde for en nat. Måske kan du prøve en time om dagen for at finde ud af, hvordan det påvirker ham.

En anden mulighed er en kasse, der ligger tæt på dig. Men her må man regne med at skulle stå op om natten. Det er lidt som at have et lille barn. Køb en kasse til din hund, der er hyggelig. Din lille hund skal trods alt sove derinde og bør også have nok plads (en klar forskel fra kasseopdragelse). Placer denne kasse ved siden af din seng. Så har din hund mulighed for at give sig til kende, hvis den virkelig føler en trykkende fornemmelse. Men hvis du sover meget godt, er det uvist, om du vil vågne op. Så kan du kun prøve det af.

En tredje og sidste måde at hjælpe din hvalp på er vækkeuret. Indstil dit vækkeur på et fast tidspunkt i løbet af natten. Det er bestemt ikke let, og hvis du lider af problemer med at falde i søvn, bør du overveje denne mulighed grundigt. Sørg for at stå op på et fast tidspunkt og lukke din hund ud. Det er naturligvis tvivlsomt, om han skal gå ud på det tidspunkt. Det vil tage lidt tid for ham at vænne sig til rytmen, men sammen finder I begge en vej.

Det lyder måske ikke særlig lovende, og det lyder bestemt ikke som meget søvn. Hvis alt dette virker for anstrengende, er den første mulighed med kennelen måske et godt alternativ.

Men måske er der alligevel en lille trøst. Jo ældre din hund er, jo mindre ofte skal den gå udenfor for at gøre sine behov. Det drejer sig egentlig kun om hvalpen her, som skal gøre sine behov en eller to gange om natten. Ældre hunde kan sagtens holde til en hel nat.

Det betyder, at hvis du tilbyder muligheden igen om aftenen, kort før du går i seng, og derefter åbner døren igen om morgenen, bør der ikke ske noget i løbet af natten. Lyder det for godt til at være sandt? Men det virker! Nogle hunde kan faktisk holde mere end ti timer om natten. Det er alt sammen et spørgsmål om træning og selvfølgelig om alder.

Du er velkommen til at prøve det lidt af. Hvis den første mulighed ikke er en mulighed, har du to andre muligheder. Selv om de ikke lyder fristende i øjeblikket, kan de alligevel være en lettelse med tiden. Alt er bedre end at have rodet i dit hjem hver morgen.

Husk, som allerede nævnt, at dette kun er en midlertidig fase. Så snart din hund er ældre og har vænnet sig til de nye forhold, vil dette lille "problem" også høre fortiden til. Så kan du vende dig om og sove i fred hver nat.

Det kan være en lang vej til opdragelse, men det vil ikke være forgæves.

6. tre tips til garanteret succes

Måske er du stadig tilbageholdende med din glæde nu. Hvem fortæller dig, at din indsats virkelig er kronet med succes? Det kan du kun selv finde ud af med tiden, men det skal nok gå. Det eneste spørgsmål er, hvornår.

Du kan dog også yde yderligere støtte. Du vil lære, hvordan du gør det i dette punkt, og det er værd at prøve. Disse tips kan være særligt velegnede, hvis din hund har store problemer, og du synes, at det allerede tager meget længere tid, end det burde.

- Et **hundetoilet** kan være en god støtte og lære din firbenede ven, at han ikke skal gøre sine behov i huset og overalt. Han vil forstå det ret hurtigt, men overfladen udgør også en lille fare. Han kan vænne sig for hurtigt til måtten eller strøelsen. Dette kan have fordele for den flade hund, og hvis det alligevel er en flad hund, har du allerede den store succes her. Men hvis du er mere interesseret i at få din hund til at gøre sine behov udenfor i naturen, kan der være forsinkelser her. Han vil hurtigt vænne sig til jorden og vil måske ikke længere have lyst til at gøre sine forretninger på ejendommen og dermed på græsplænen. Vær meget opmærksom på, hvordan han opfører sig.

- Det rigtige **rengøringsmiddel** er meget vigtigt. Hvis der skulle ske et uheld med din skat, skal du naturligvis rydde op. I bedste fald sker det hurtigt. Det er dog ikke nok kun at bruge en klud. Her er det vigtigt, at du bruger et særligt rengøringsmiddel, helst et med en ret mindeværdig lugt. Som du ved, har din hund en god næse, og når den først har opdaget et sted for sig selv og finder sin duft der igen, kan det ske, at det hurtigt bliver hans yndlingssted. For at modvirke dette har den brug for en anden lugt, og det kan et rengøringsmiddel give dig. Det betyder naturligvis ikke, at det skal lugte kraftigt. Tværtimod: Din hund kan lugte selv de mindste ændringer, og den vil bemærke det, det er helt sikkert. Så bare rolig: fra nu af behøver du ikke længere at bo i en stue, der lugter af stærkt rengøringsmiddel. Her er mindre ofte mere, og din hund vil undgå dette sted fra nu af. Du kan også gå til en god specialforretning for at få rådgivning. Der er helt sikkert en løsning til dig, din firbenede ven og til en ubehagelig lugt.

- Det er bestemt ikke let, men det er nok det vigtigste råd af alle: Du må **ikke skælde din hund ud**. Du vil helt sikkert blive vred og irriteret på ham, men desværre vil du ikke gøre noget bedre ved at gøre det. Men hvordan kan du gøre det? Det er ret nemt og kan beskrives med et ord, som du måske ikke bryder dig om: uvidenhed. Men det drejer sig ikke om din hvalp, men om den lort eller pøl, der ikke var planlagt på den måde. Du kan sammenligne din hvalp med et lille barn. Den lille hund har endnu ikke så godt styr på sin blære, som han gerne ville have det. Ofte opdager han det først selv, når det allerede er sket. Måske kender du også situationen med små børn: De bliver spurgt, om de skal på toilettet, siger nej, og et par minutter senere er det allerede sket. Det er måske en mærkelig sammenligning, men det er det samme med din hvalp. Men hvorfor skulle du ikke skælde dem ud? Det er let at forklare: Din unge hund kan ikke forstå, at den har begået en fejl. Det eneste, han ved med sikkerhed, er, at det var forkert af ham at gøre sin forretning. Han kan ikke forstå, at den var på det forkerte sted. Her har du to problemer på én gang. Det er muligt, at en tillid, som du lige har opbygget, forsvinder på denne måde. Det er også muligt, at din hvalp fra denne dag vil lede efter hjørner, som du ikke finder så hurtigt. Han vil ikke have, at du bliver vred på ham, og det er grund nok til, at han gemmer sig. Han ved måske endda, at du i sidste ende vil finde det, men han ønsker at udsætte det så længe som muligt.

To ting er vigtige på dette tidspunkt og på trods af alle værktøjerne: Vær tålmodig. Det kan tage lang tid at få varig succes. Men der findes ikke noget, der hedder for sent. Giv din firbenede ven tid, og ros ham meget, når det virker på det rigtige sted. Desuden er det vigtigt at forlænge udflugten, når sådanne hændelser opstår. Det kan meget vel være, at din lille firbenede ven har brug for mere tid til at få afløb i den friske luft. Prøv det, og før ikke kun dig selv, men også din lille protegé gradvist frem mod målet.

7. ældre, men igen urene

Det havde fungeret så godt, men nu ser det ud til, at du skal starte forfra igen. Din hund har været voksen i lang tid, kender sine steder og har aldrig skabt problemer med renlighed. Men nu ser det ud til, at netop disse bekymringer er begyndt igen. Pludselig går han igen i hjørnerne, gemmer sig og ved synligt og delvist også præcis, hvad han har gjort forkert. Hvorfor? Du forstår det ikke og har i et stykke tid nu spurgt dig selv, hvad du har gjort forkert.

En ting bør du gøre dig klart: Det er ikke din skyld.

Først er det vigtigt at finde ud af årsagen. Hvis din hund er yngre, kan det være, at den bare havde en god fase og ikke var klar i sidste ende. Men det er ikke en dårlig ting, og det kan klares med lidt mere tid.

Hvis din protegé er ældre, er situationen en anden. Her kan man ikke gå ud fra, at han har glemt det fra den ene dag til den anden. Det er langt mere sandsynligt, at en fysisk årsag er årsagen.

Hvis det første er tilfældet, kan du kun fortsætte med at træne med din hvalp. Men hvis det andet tilfælde kommer på tale, bør du finde ud af, hvad der er galt med din hund. Er han ved at tisse eller ved at miste sin store forretning? Der er mange grunde til dette. Det kan være blæresvaghed eller fordøjelsesproblemer. Der kan også være tale om en allergi. Kun en dyrlæge kan afgøre dette. Et problem med lukkemusklen er også muligt og noget mere alvorligt hos meget gamle hunde, og det kan være et problem med lukkemusklen. Du kan også få rådgivning om dette.

Kort sagt: Med sådanne patologiske problemer kan din hund ikke hjælpe ændringen. Han ønsker det bestemt ikke, men han kan ikke kontrollere det.

Prøv at finde en løsning ret hurtigt. Denne ændrede situation er ikke rar for dig selv og naturligvis heller ikke for din hund. Jo længere den varer, jo mere vil din firbenede ven også føle sig utilpas. Derudover er det vigtigt at komme til bunds i en patologisk årsag hurtigt og pålideligt, så det ikke bliver værre.

Så hvis der ikke er nogen forbedring efter to dage, og din hund, som har været ren i lang tid, har disse problemer, skal du få den undersøgt.

8. yderligere muligheder

Hvad hvis din dyrlæge ikke kan finde noget, og din hund allerede er ældre, og denne grund derfor også er udelukket?

Så betyder det ikke, at der ikke er andre muligheder. Hold også øje med følgende ting, og du vil finde løsningen:

- Tidligere kennelhunde har meget ofte problemer med at vænne sig til livet indendørs. Du mener det sikkert godt og vil af en eller anden grund give din hund et nyt hjem indendørs. Han synes ikke at have noget imod det, men miljøet er selvfølgelig nyt i det lange løb. Det tager tid, og han er allerede ikke vant til ikke at droppe sin forretning bare sådan lige pludselig. I kennelen var der ingen, der "bekymrede sig". Der fik han lov til at gå, når han havde brug for det. Nu er det anderledes, og din plejebarn kan ikke forstå hvorfor. Hjælp ham med dette, og som du allerede har hørt, skal du tage ham regelmæssigt med udenfor. Hvis det ikke bliver bedre, kan han kun vende tilbage til sin gamle kennel.

- Mangel på tillid er også en mulighed. Med dig selv vil det være usandsynligt, hvis du har et godt forhold til din hund. Men også her kan der opstå visse problemer. Måske var der et "skænderi", og nu er din hund utilfreds. Prøv at finde ud af, om det kan være en årsag, og henvend dig til jer begge. Der kan også opstå et vanskeligt tillidsforhold, hvis en anden person skal passe din hund i en kort periode. Især hvis han ikke kender denne person, er det ikke så let at blive involveret med ham med det samme. Det er den anderledes stemme, den anderledes adfærd og måske også selve håndteringen af dyret. Der er mange grunde til, at tilliden ikke er tilstrækkelig, og at netop disse problemer opstår.

- Det er dog også muligt, at noget ikke er gået efter planen i forbindelse med uddannelsen i renlighed. Som regel har dette problem tendens til at opstå hos meget unge hunde. Men det er også muligt, at det sker med ældre hunde, som er nye i din husstand. De skal først vænne sig til alting og kan derfor have visse problemer med det. Her hjælper det at modvirke med en masse tålmodighed, og løsningen på problemet vil ikke vare for længe.

Til sidst et tip, som du aldrig må glemme. Uanset hvor gammel, stor, lille eller sød din hund er: Hvis der sker et sådant uheld, skal du ikke blive vred. Det drejer sig ikke kun om at skælde ud. Mange ejere har en tendens til at være utilfredse eller ikke at tale med deres firbenede ven.

Men det er nøjagtig det samme. Din hund mærker præcis, at der er noget galt. Især Golden Retrieveren er meget indstillet på dig og er knyttet til dig, måske endda mere end det er tilfældet med andre racer. Enhver form for mistanke er mærkbar for ham, og der er nok ikke noget værre for ham end at blive afvist af sin elskerinde eller herre. Hertil kommer, som du allerede ved, at han i det øjeblik ikke engang kan placere, hvad han har gjort forkert. I sidste ende bliver det hele kun værre, og problemet kan kun løses med endnu større forsinkelse.

Men din hunds temperament kan også give et svar og vejlede dig i dine handlinger. Hvis du har en hund, der er meget bange, kan problemer som disse opstå hurtigere. Der skal kun et lille øjeblik til, som du ikke engang selv bemærker, og så er det sket. Husk altid: Uanset hvor stor og modig din Goldie er, kan han også blive bange, hvilket selvfølgelig ikke er hele tiden. Disse øjeblikke er afgørende. Hvis du kan genkende dem, er der allerede opnået meget. Sammen finder I begge en løsning, og så er det ikke så langt væk med oplæring.

Nogle gange kræver det bare en smule tålmodighed. Men endnu vigtigere på denne vej: masser af kærlighed!

Træning af en Golden Retriever - trin for trin

En Golden Retriever, der ikke henter? Det findes næppe. Som du allerede ved, er din hund en jagthund, og det ligger simpelthen i dens gener at jage, hente og i bedste fald også bringe noget tilbage. Men især sidstnævnte kræver øvelse og er ikke en selvfølge fra starten.

Du kender sikkert også hvalpe, der er glade, når de får noget kastet, men i første omgang er der ingen tanke på at bringe det tilbage. Men det, der ikke er, kan stadig blive det. Men hvordan kan du hurtigt opnå succes og opmuntre din hund til netop dette? Du finder en lille, men nyttig trin-for-trin-guide nedenfor, som du kan anvende med det samme.

MANGE FORDELE

Men lad os først se på fordelene, hvis du ikke er helt overbevist på dette punkt. Det er efter din mening godt at hente oplysninger, men om det virkelig er nødvendigt, er ikke helt klart endnu.

Måske kan de punkter, du nu vil læse, hjælpe dig. De viser, hvad der ellers gemmer sig bag hentningen.

- ✓ Der kræves ikke meget udstyr til denne øvelse. Du kan træne med din Goldie på hver eneste gåtur, og du behøver ikke at tage noget med dig. Du finder alt, hvad du har brug for, på skovstien. Kast en gren og prøv at overtale din protegé til at lege apportering.
- ✓ Din hund får fysisk motion og finder også mental aktivitet. Det handler ikke kun om at gå i snor, men også om at løbe, hvilket er meget vigtigt for din Goldie. Du vil hurtigt bemærke, at der

skal bruges meget mere energi til en løbetur end normalt. Men det er af positiv karakter.

✓ Forholdet mellem dig og din hund bliver styrket. Især når han ikke har været i familien i lang tid, kan det være meget vigtigt. På den måde vænner han sig hurtigere til dig som sin ejer og ved, hvilket ord der er vigtigt.

✓ Hundens lydighed støttes og opmuntres. Især for voksende firbenede venner er dette ikke så let og bestemt ikke en selvfølge fra starten. På denne måde lærer din hund imidlertid, at det er vigtigt at lytte til dit ord, og den konsoliderer denne opfattelse lidt efter lidt.

Ser du: Fordelene er ubestridelige og kan måske endda overvinde din sidste tvivl. Hvis du stadig ikke er sikker, vil du måske blive overbevist af de trinvise instruktioner, og du vil indse, at det ikke er så svært. Enhver Goldie kan lære at apportere, fordi der er en jagthund i ham.

Meget er derfor allerede givet for succes.

De første uger

Nu er tiden kommet, og du har valgt en lille Golden Retriever fra en velrenommeret opdrætter. Selvfølgelig venter der et hyggeligt hundetæppe i et roligt hjørne på ham i hans nye hjem, og en kasse med legetøj er klar til at lege med. En veltilpasset sele og snor er også klar til de første udflugter. Men hvordan vil din nye ven reagere på de nye omgivelser? Husk, at du nu adskiller ham fra sin mor og sine kuldkammerater, og at der begynder et helt nyt liv for ham.

Den lille hvalp vil sandsynligvis være bange og stresset i starten. Måske vil han også hyle under hele køreturen hjem. Derfor bør du sørge for, at dit hjem er roligt og afslappet, når du ankommer. Når du er kommet hjem, skal din hund først finde sig til rette. Vis ham roligt sin plads og sit spisekammer, og lad ham løbe rundt på egen hånd og snuse til alting. Derefter kan du tilbyde den sit første måltid i sit nye hjem.

Hvis det er muligt, skal du give din hvalp det samme foder, som den fik fra opdrætteren. En ændring bør ske senere og ikke pludseligt. Det vil være betryggende for din hvalp, hvis han ved, hvornår han får mad. Så sæt tidspunkter og lad en rutine udvikle sig. Opdel den daglige ration i fire måltider.

Hvis du er heldig, vil din lille ven hurtigt finde sig til rette, men du kan også få nogle søvnløse nætter, fordi han savner sin mor og sine søskende og derfor klynker meget.

Det kan være tilrådeligt at bruge en hundekasse de første par nætter. Placer den på en sådan måde, at din hund kan se og lugte dig. På denne måde kan han dog ikke løbe ukontrolleret rundt i lejligheden og gøre skade på sig selv. Frem for alt vil dine møbler blive skånet.

Især de første dage og uger i et nyt miljø vil præge din lille hund. Hvis det er muligt, må du ikke lade ham være alene i lang tid, for så udsætter du ham for en stor stresssituation. Han kan udvikle en frygt for at være alene og begynde at ødelægge dine møbler eller andre genstande. Hvis det senere er uundgåeligt, at din hund skal være alene om dagen, fordi du skal på arbejde, skal du forberede den langsomt på dette.

At lege sammen er også en del af opdragelsen af en hvalp og fremmer båndet mellem jer to. Her er de første regler allerede fastlagt og skal følges.

Væn din hvalp tidligt til fremmede lyde. Det kan f.eks. være dørklokken eller hårtørreren. Han skal lære alt, hvad der foregår i lejligheden og omgivelserne at kende, så han ikke behøver at frygte noget.

Tag ham ofte med udenfor, så han lærer forskellige overflader at kende og møder andre væsner.

Du bør også vænne din lille hvalp til at køre i bilen på et tidligt tidspunkt. Senest når den skal til dyrlæge første gang, skal den køre med dig i bilen.

Begynd også med det samme at pleje osv. med det samme. Lad din veninde vide, hvordan det er at blive rørt fra top til bund af dig, og at det ikke er slemt.

Hver enkelt person i din husstand bør opbygge et bånd til det nye familiemedlem. Sørg for, at alle bruger tid på at fodre hvalpen, tage den med udenfor eller børste dens pels.

Enhver handling, uanset hvor lille den er, skal belønnes. Din lille ven lærer bedst gennem sådanne positive oplevelser.

HVALPENS GESTIK OG ANSIGTSUDTRYK

Det kan nogle gange være meget spændende og interessant at fortolke hundens kropssprog. Det giver dig mulighed for at vurdere din Golden Retriever i forskellige situationer og handle med omtanke. Faglitteraturen indeholder tilstrækkeligt materiale om emnet, eller du kan besøge en hundeskole, hvor du bliver undervist og kan blive beroliget igen og igen.

Hunden har ingen aggressive træk, men er meget klog, sød og altid klar til at lære nye ting. Af disse grunde er det ikke særlig vanskeligt at træne denne race. Som med alle andre hunde bør man sørge for, at den har regelmæssig kontakt med andre hunde. En god socialisering er ekstremt vigtig. Når han er flyttet ind i sit nye hjem, skal han kærligt integreres i den daglige rutine og introduceres til de andre dyr, der bor i huset, og til børnene. Det er vigtigt for hans udvikling, at han for det meste har gode oplevelser. Den tid, du bruger på dit nye kæledyr, vil betale sig senere.

Hvalpe har en række forskellige bevægelser for at gøre sig bemærket - ikke kun - blandt deres jævnaldrende. De er ikke kun gode til fagter og kropssprog, men også til ansigtsudtryk, som de bruger til at kommunikere med andre hunde. På denne måde viser de, at de er sultne, bange eller kræver hengivenhed.

Hvis den lille hund stadig ser stift i én retning, og pupillerne er indsnævrede, er det en truende gestus. I hundeverdenen taler man også om det såkaldte "onde øje". Det betyder, at hunden ikke ser "ren" ud, og at den kan bide uden varsel.

Hvalpen opbygger især sig selv: Hvis hvalpen føler sig særlig modig eller viser aggressive sider, vil den opbygge sig selv og gøre sig stor. Ører og hale vil derefter være oprejst. Han vil sikkert stikke brystet frem og få hårene til at rejse sig i nakken og på ryggen. Han kan også vrikke forsigtigt med halen, når han knurrer - et tegn på usikkerhed.

Hvalpen gør sig meget lille: Hvis en hund er underdanig, gør den sig så lille som muligt for at ligne en hvalp. Hans håb er, at hans modpart vil lade ham være i fred, for voksne hunde vil f.eks. irettesætte hvalpe, men aldrig angribe og bide dem. Når hvalpe er underdanige, krøller de sig normalt sammen sidelæns på gulvet, holder halen meget flad og vifter forsigtigt med den. Nogle gange vil de forsøge at slikke den overlegne hund eller den person, der tager sig af dem, i ansigtet. I mere ekstreme situationer kan de lægge sig helt på ryggen og blotte deres hals.

Hvalpen gør sig selv meget lille.

At vrikke med halen tolkes ofte som et tegn på venlighed og glæde. Men overdreven viftning er ofte blevet observeret hos underdanige hunde. Så det at vrikke kan også have flere betydninger:

Hvis hunden vifter langsomt, og halen er relativt stiv, er hunden vred. Hvis halen er trukket ind mellem bagbenene, er det et tegn på frygt. Urolige eller nervøse hunde holder undertiden halen nede og vifter kun antydningsvis med den.

Det er forskelligt fra race til race, hvordan hunde bærer deres hale. Generelt kan man sige, at en hale, der er i en vinkel på mere end 45 grader i forhold til ryggen, repræsenterer årvågenhed og interesse.

En hvalps **ansigt og ansigtsudtryk** kan afsløre en masse om dens sindstilstand. Er hvalpen bange? Er han spændt? Har han lyst til at spille? Disse og andre følelser kan genkendes og reageres på ansigtsudtryk. Hvis ørerne peger fremad, betyder det, at hvalpen er opmærksom og lytter. Hvis ørerne derimod er flade mod hovedet, kan det både være udtryk for glæde og frygt. For at kunne "læse" stemningen korrekt skal du være opmærksom på andre tegn og sætte dem ind i en fælles sammenhæng.

Hvis du ser, at øjnene kun er lidt lukkede, er det normalt et tegn på glæde eller accept af, at du er "flokleder". Men hvis øjnene er vidt åbne, er hvalpen opmærksom og i "alarmberedskab". Naturen har indrettet det sådan, at hunde, når de møder hinanden og afklarer hierarkiet indbyrdes, ser hinanden i øjnene, indtil den svageste giver efter og trækker sig tilbage. Hundeeksperter anbefaler også denne form for adfærd i forbindelse med hvalpetræning: I en urolig situation skal du se på hvalpen, indtil den bryder væk fra blikket og trækker sig tilbage.

VEJLEDNING OM GENFINDING

Det er dog også her vigtigt, at du ikke forsøger at gøre det med pres og hastighed. Alle hunde har brug for tid. Især når din firbenede ven stadig er meget ung, kan han ofte have andre ting i hovedet. Med tiden vil det blive bedre, og du vil kunne se de første succeser.

Trin 1: Det rigtige objekt

Det er vigtigt, at din hund skal hente noget, som den også let kan bære. Tunge pinde er derfor ikke egnede. Måske vil han ikke engang prøve. Maddukker er derimod bedre.

Der findes legetøj i enhver dyrehandel, der ligner en hund eller et ben. Udvalget er stort. Men disse dummies er lette at bære og er især populære hos små hunde. Det er dog vigtigt, at legetøjet ikke er for blødt. Legedriften er stadig meget stærk, og især små hunde har en tendens til at bide i alt, hvad de finder. Der er også fare for at sluge dele, som kan forårsage store skader.

Vælg med omtanke. Så den skal ikke være for tung og stor, men heller ikke for blød.

Trin 2: I snor

Det lyder måske absurd, men det vil kun øge din hunds interesse for byttet. Sæt en snor om din hund og gør genstanden endnu mere interessant. Han vil vide, at han ikke får det med det samme og vil få færten af det. Nu er det op til dig at håndtere dummy'en foran din hund. Hvordan du gør det, er op til dig. Det eneste vigtige er, at du vækker interessen, og at din hund kun har én tanke: Jeg vil have den!

Trin 3: Begynd at løbe (på trods af snoren)

Tror du, at din hund har attrappen i sigtekornet? Så er det tid til at lade ham også jagte den.

Kast den så langt du kan, og bed din hund om at hente den med et kort "Bring". Korte kommandoer er vigtige her. Brug ikke lange sætninger, for det vil han ikke opfatte.

Sørg for, at du ikke strammer snoren for meget, for den skal under alle omstændigheder stadig sidde om hundens hals. Når din firbenede ven har genstanden i munden, kan du allerede rose ham. Dette er allerede det første skridt, og han har gjort det rigtig godt. Men nu må han komme tilbage til dig. Tiltaler ham. Hvordan du gør det, er op til din fantasi og dine evner.

Hvis han kommer tilbage til dig, skal den nu have en kort "off". Vis ham, at han skal droppe dummyen. Når han har gjort dette, har han allerede hentet den første gang med succes.

Trin 4: Kommandoer uden snor

Nu er det tid til at tage snoren af ham og stole på kommandoer. Med et "sit" skal din Goldie nu sætte sig ved siden af dig. Gå nu et par skridt væk, lidt ad gangen, indtil der er ca. fem meter mellem jer to.

Du har dummy'en i hånden, men med den nævnte afstand placerer du den på jorden foran dig. Bliv på hug og kald på din firbenede ven. Hvis alt går godt, og det skal det, vil han komme hen til dig, samle dummyen op og give den tilbage til dig. Han har allerede lært på dette tidspunkt, at du er den eneste person, der har denne belønning til ham. Du vil blive overrasket over, hvor hurtigt din hund kan lære det - bare med lidt vedholdenhed og selvfølgelig en dummy, der er virkelig interessant og sjov.

Trin 5: Større afstand

Hvis det lykkes, skal du have endnu mere afstand. Flyt dig længere og længere væk fra din hund. Prøv en meter i begyndelsen og fortsæt på samme måde som beskrevet ovenfor.

Det vil stadig ikke være et problem, og din Goldie vil kun se dig og dutten. Det er hans bytte, og målet er klart.

Trin 6: Bring det her

Nu er det tid til endnu en forlængelse. Læg dummyen på jorden et stykke væk fra din hund, gå lidt væk og kald på den med et "bring". Hvis alt går godt, vil han rejse sig op og vide præcis, hvad han skal gøre. Han kommer til dig fra en siddende stilling og lægger dummy'en i din hånd eller på jorden. Begge er en succes og fortjener stor ros.

Trin 7: Søgning

Nu har din Goldie også lov til at søge. Få ham til at sætte sig i en stilling, som du har valgt til ham. Så kan han se og observere dig nøje. I bedste fald forsvinder du ind i den nærliggende skov og lægger dukken der ned. Din hund kan ikke se dig. Han ved kun, i hvilken retning du er gået.

Når du har fundet et sted, skal du vende tilbage og blot sige "Søg". Din hund vil løbe væk og begynde at lede. Det kan være lidt svært første gang. Følg ham roligt og hjælp ham. Senere vil dette ikke længere være nødvendigt.

At apportere styrker ikke kun båndet mellem dig og din hund, men hjælper den også til at forstå kommandoer, hvilket igen kan være meget vigtigt på andre områder. Det er ikke svært at få din Goldie til at vænne sig til at hente og lede efter genstande, men det kræver naturligvis tålmodighed og ingen skældud, hvis den tidligere har været interesseret i noget andet. Alting skal nok gå i orden med tiden!

DE FØRSTE KOMMANDOER - "SIT!", "NED!", "AF!"

Du bør begynde med de første øvelser, så snart din hvalp er flyttet ind hos dig. Det starter faktisk automatisk, for den lille vil straks gå på opdagelse og vil støde på mange ting her, hvor du siger til dig selv: "Hmmm... han burde virkelig ikke gå her". Det første "nej" vil komme fra dig, og du vil tage hvalpen væk fra dette sted. Det bliver sandsynligvis sofaen, som din nye kammerat har valgt som et fremragende sted at sove, men du ønsker ikke, at han skal sidde her. Så det vil gå sin gang, at den ene eller den anden kommando vil komme hurtigere, end du tror.

Men målrettet træning af disse første kommandoer er også vigtig, så hvalpen lærer manerer, og du kan kalde den sikkert tilbage på et tidspunkt. Desuden vil båndet mellem jer to blive styrket betydeligt, fordi du vil bruge tid sammen med den lille hver dag, rose ham og give ham opmærksomhed. Jo før du begynder, jo lettere bliver det for dig og din hund. Et ungt dyr lærer hurtigt, og det kan derfor udvikle sig til en velsocialiseret og venlig hund.

Det, du helt sikkert skal medbringe, er en masse tålmodighed og en delikat hånd. Det er ikke sikkert, at alt vil fungere med det samme, her skal du bevise din udholdenhed. Gentag øvelsen igen og igen, indtil den passer perfekt. Hvis det er nødvendigt, kan du også være nødt til at skifte ned i et andet gear en gang imellem.

For at gøre det lettere for din nye bofælle at lære det, bør du indføre en fast struktur og en vis rutine i den daglige rutine. Det er meget nyttigt at have faste tidspunkter for fodring, gåture, leg og træning.

Ros, klap, venlige ord og masser af godbidder bør også være med i bagagen. For hver positiv adfærd hos din hvalp bør du ikke være sparsom med den. Det vil altid motivere den lille til at samarbejde. Beløn ham med det samme, så han kan relatere til den adfærd, han lige har vist, og belønningen. Ellers ved han ikke, hvad han fik godbidden for og forbinder den måske med en anden handling.

Til gengæld må du aldrig straffe din hvalp, når den reagerer forkert - og slet ikke med vold. Igen giver du kun næring til frygt og intimideret adfærd. Aggressivitet, der udvikler sig senere, kan ikke udelukkes, og ingen ønsker en bidende hund i deres omgivelser.

Uddannelsen skal ende med et positivt resultat. Stop ikke, før din hund har vist den adfærd, du ønsker - medmindre du føler, at den er overvældet. Gentag derefter en tidligere øvelse, og afslut derefter træningen.

Du vil helt sikkert have faste regler, som din lille hund skal følge. Her skal man være konsekvent. Det må ikke ske, at hvalpen ikke må være på sofaen i dag, men kan være det i morgen. Han vil ikke forstå en sådan adfærd, og han vil snart holde op med at lytte til dig. Familiemedlemmerne i dit hus skal også overholde disse regler, ellers vil din autoritet hurtigt blive undermineret.

Du bør bruge en fast tone over for din hund, når du vil lære den noget. Brug korte kommandoer, der er klart forståelige, så du skal ikke filosofere over for dyret. Skrig eller råb aldrig ad din hund. Det vil kun få ham til at blive intimideret og bange.

Det er ekstremt vigtigt med en god socialisering, så din lille ven kan klare sig i alle hverdagssituationer. Så efter tilvænningsperioden bør du konfrontere ham med fremmede mennesker, med motorkøretøjer af enhver art og med andre dyr. Selvfølgelig ikke på én gang, men lidt efter lidt. På den måde lærer han at omgås andre levende væsener på en venlig måde og vil ikke få problemer som voksen.

Men hvordan lærer du den lille hvalp at sidde eller lægge sig ned på din kommando? Læs videre, og du vil finde ud af det.

For kommandoen "Sit!" skal du gå frem som følger:

Du tager en godbid i hånden og viser den til din hvalp. Nu vil han naturligvis have denne lækre genstand i din hånd. Hold den over hans hoved, så han skal kigge op. Han vil sandsynligvis sætte sig ned i dette øjeblik, så han har bedre udsigt til godbidden og kan nå den. Ros ham meget, og giv ham godbidden. Gentag nu denne øvelse flere gange og tilføj kommandoen "Sit!". Det vil helt sikkert ikke tage lang tid, før din hvalp forstår sammenhængen mellem kommandoen og godbidden og derfor sætter sig ned, når du siger til den. Selvfølgelig udfører han kun kommandoen, fordi han ved, at han så vil få noget lækkert.

Ved kommandoen "Sit!" tager du også en godbid i hånden og viser den til din hvalp. Før hånden ned til gulvet. For at nå godbidden vil din hund sandsynligvis lægge sig ned for at nå den. På netop dette tidspunkt skal du rose ham og give ham godbidden. Næste gang du prøver, skal du bruge din kommando og gentage øvelsen flere gange. Snart vil den lille ligge ned på din kommando. Beløn ham med en godbid.

En meget vigtig kommando er "Kom!" eller "Her!". Med den kalder du din hund tilbage fra alle mulige og umulige situationer. Denne kommando kan også være livreddende for ham, f.eks. hvis han kommer for tæt på en trafikeret vej.

Ved første forsøg er det tilrådeligt at få en anden person til at hjælpe dig. Denne hjælper sætter sig på hug ved siden af din siddende hund. Du sætter dig nu selv på hug et par skridt væk. Kald nu din firbenede ven ved navn, og tilføj den relevante kommando.

Bliv enige om én mulighed: enten "Kom!" eller "Her!", og brug aldrig den ene kommando én gang og den anden gang den anden. Din hund ville ikke forstå dette og ville ikke reagere derefter.

Når du kalder på din hund, skal du sprede dine arme og have øjenkontakt med den. Med denne gestus og dit tilsvarende ansigtsudtryk signalerer du til din hvalp, at du er glad for, at han kommer til dig. Hav også en godbid eller dit yndlingslegetøj klar til ham. Nu vil den lille sikkert løbe hen imod dig med glæde. Ros ham, og giv ham legetøjet eller godbidden.

Du skal gentage denne øvelse flere gange, indtil din hvalp forstår betydningen af din kommando. Med tiden bliver du dog nødt til at øge afstanden mellem jer to, for du vil trods alt kunne ringe til ham på afstand. Prøv også at ringe til ham i god tid, når du er ude af syne. Glem aldrig belønningen, for det er den eneste grund til, at din firbenede ven vil komme til dig.

Der vil være situationer, hvor du er nødt til at give din hund et "Nej!" eller "Af!". Denne kommando skal også sidde og her skal du naturligvis også kun bruge en af dem, du bestemmer selv. I modsætning til de andre kommandoer er der naturligvis ingen godbid eller anden belønning her. Din hvalp bør ikke belønnes for forkert adfærd. Men straf er naturligvis heller ikke passende. Der findes en meget enkel løsning: en klokke. Når din firbenede ven viser en uønsket adfærd og udfører en uønsket handling, lader du denne klokke lyde og tilføjer den kommando, du har valgt. Klokken skal signalere til hunden, at der ikke kan forventes nogen belønning her.

Når din hund har lært betydningen af klokken, kan du tilføje kommandoen "Sit!" eller "Ned!". Hvis han adlyder dit ønske, skal du belønne ham med en godbid. Dette er for at undgå skuffelse over for dig. På denne måde lærer hunden kommandoen "Off!", men den fortsætter med at stole på dig og forbliver din ven.

Det er de første træningssessioner, som vil fylde de første uger med din nye bofælle. Mange flere kommandoer vil følge. Men du skal ikke skynde dig, men øve dig på én ting ad gangen. Ellers bliver den lille hund for hurtigt overvældet og vil ikke kunne lære noget som helst.

De første kommandoer, som din lille ven skal lære, er "sid", "ned", "bliv", "kom" og "sluk". Men du må ikke lave dem alle på én gang, det vil gå galt. Begynd med én kommando, og øv dig først på den anden, når du mestrer den. Vælg det rigtige tidspunkt til at øve dig. Hvis dit barn er træt eller sløvt, er der ingen grund til det. Øv dig flere gange om dagen, men kun i kort tid. Ellers vil du overbelaste den lille hund. Væn dig til en rolig tone, og strak aldrig din hund.

Arbejd med belønninger, når din kommando udføres korrekt. Dette er stadig prægende, og din hund lærer. Ignorer det, hvis han ikke har handlet korrekt, og gentag øvelsen uden at kommentere den. Du har ikke meget tid til at belønne eller ignorere. Du skal gøre dette umiddelbart efter hundens handling. Så giv godbidden straks, når kommandoen er blevet udført, og afbryd legen, f.eks. hvis din firbenede ven bliver for vild eller endda bider. Stop altid, når din øvelse er vellykket.

Det er meget sjovere at lære på denne måde, og det, man har lært, vil blive husket.

Brug aldrig din hvalps navn som en kommando. Mange hundeejere gør det forkert. Ofte bruges navnet til at sige til hunden: "Kom til mig". Når du kalder din hund ved dens navn, er det dog for at få dens opmærksomhed. Når du kalder navnet, kigger hvalpen på dig, og nu kan du sige den ønskede kommando. I bedste fald vil din hund naturligvis også udføre det, hvis den allerede har lært det.

Erfaringen har vist, at det ikke er let at lære din hvalp at sætte sig ned, når du giver kommandoen. Brug en masse tid og frem for alt tålmodighed, når du vil lære din hvalp noget. Vær også meget konsekvent, for det hjælper ikke din hund, hvis du gør én ting det ene øjeblik og noget andet det næste.

For kommandoen "Sit" skal du gå frem som følger: Først skal du lokke din hvalp hen til dig, helst med en godbid, hvis den endnu ikke reagerer ordentligt på sit navn. Hold den lidt højere, så han kigger op på dig. Giv nu kommandoen "Sit". For at din hvalp kan holde øje med godbidden, vil den sandsynligvis sætte sig i en siddende stilling. Ros ham nu udførligt og giv ham godbidden. Hvis han i stedet vil hoppe op efter dig, skal du sige "Nej" og gentage øvelsen.

Du lærer ham kommandoen "Nej" "undervejs", for der er altid, især i begyndelsen, situationer, der er uønskede. Hvis du fanger din hvalp i en sådan situation, skal du sige "Nej" i et skarpere tonefald for at stoppe adfærden. Din kropsholdning i det øjeblik er også meget vigtig. Distraher nu din hvalp fra dens oprindelige hensigt og beløn den straks, når distraktionen er lykkedes. På denne måde lærer den lille firbenede ven, at "nej" betyder enden.

Kommandoen "Kom" er også meget vigtig, for du skal trods alt kunne kalde din hund væk i enhver situation. Når din hund kigger på dig, skal du gå ned på knæ og lokke den hen til dig. Brug kommandoen "Come" til at gøre dette. Ros og beløn din ven, når han rent faktisk kommer til dig. Hvis din hund adlyder kommandoen, vil den på denne måde hurtigt vide, at den kan forvente noget lækkert fra dig. Men hvis han løber væk i stedet, skal du ikke løbe efter ham. Dette vil sandsynligvis blive en sjov jagtleg for din hvalp, og du vil opnå det stik modsatte.

For kommandoen "Sit" skal du tage en godbid i din lukkede hånd. Bevæg den tæt på gulvet frem og tilbage foran din hunds næse, og giv kommandoen "Sit". Hvis din hund lægger sig ned, fordi den vil have en godbid, skal du rose den og give den godbidden.

Det er vigtigt, at du træner i små skridt med alle øvelser. Tag dig god tid, vær rolig og vær konsekvent. Det kan også være nyttigt at bruge passende håndtegn ud over verbale kommandoer. Så vil dit projekt helt sikkert lykkes.

Sådan træner du "Sit

Vis din hund en godbid, mens du står foran den. Hold den over hans hoved, så han skal løfte den kraftigt for at se den. De fleste hunde sidder af hensyn til komforten, fordi det er lettere at holde øje med godbidden, mens de sidder. Du kan også trykke forsigtigt på bagdelen, hvis din hund ikke sidder ned.

Sørg for, at din hund ikke behøver at sidde i en vandpyt eller på glasskår. Han stoler på dig. Hvis det er ubehageligt for ham at udføre kommandoen, vil han generelt se sig om efter, hvor han skal sidde i fremtiden.

Beløn kun hunden, når den sidder, dvs. når dens bagdel rører jorden. Så snart din hund har forstået kommandoen, kan du øve dig på "Sit" med den, når den står ved siden af dig. Senere skal han også gøre det, når du giver kommandoen på afstand.

Visuelt signal "Sit".

Det er sådan, hvalpen lærer kommandoen "Sit!":

- Unge hvalpe, der endnu ikke har haft nogen erfaring med indlæringsøvelser, forstår meget hurtigt kommandoerne "Sit" og "Ned".
- For "Sit" skal du tage en godbid mellem tommelfinger og langfinger.
- Før hånden med godbidden op forbi hans næse.
- Så snart bagdelen bevæger sig mod gulvet, skal du give kommandoen "Sit!".

- Hvis hvalpen sætter sig ned, men derefter forsøger at rejse sig på bagbenene, skal denne adfærd stoppes med et skarpt "Nej".
- Når hvalpen har sat sig ned, gives belønningen med det samme.
- Vent længere hver gang, før du giver en godbid.
- Efter et par øvelser kan du sige kommandoen "Sit" uden at give en godbid, da hvalpen kun skal reagere på håndsignalet.

Sted

Med denne kommando trækker du hunden endnu mere eftertrykkeligt ud af trafikken, fordi den har brug for længere tid, indtil den er på benene fra den position, den skal indtage på Platz. Korrekt udført ligger han på maven med forbenene strakt ud.

Bemærk: Overvurder ikke tidsforsinkelsen. Når din hund har lyst, er den lynhurtigt på benene og løber af sted. Du opbygger en mental barriere, ikke en fysisk. Din hund skal aktivt være ulydig over for din kommando, før den løber. Dette forhindrer ham ofte i at løbe ukontrolleret væk. Hvis du reagerer hurtigt, kan du som regel stoppe ham med en kommando, før han gør skade, eller der sker ham noget.

Du kan begynde at træne kommandoen, så snart hunden har lært kommandoen "Sit". Han skal acceptere, at han ikke må rejse sig op, så hans bagdel skal blive på jorden.

Tag en godbid i hånden og læg den ned tæt på jorden foran din hund. Hold den i hånden. Din hund skal kunne lugte det. Ved at gentage kommandoen "Sit" forbyder du ham at rejse sig op for at få godbidden.

Han skal derfor lægge sig på gulvet med forbenene strakt ud for at nå godbidden uden at rejse sig op. Sig "Ned", så snart hunden lægger sig ned, og beløn hunden.

Når han har lært "Sit" og "Down", kombinerer du øvelsen med "Stay". Med sidstnævnte forbyder du din hund at følge dig. Men han kan selv bestemme, om han skal stå, sidde eller ligge ned. Med kombinationen af kommandoer bestemmer du også den stilling, som han skal holde sig i.

Øg sværhedsgraden ved at hoppe foran hunden, kaste en bold eller gå rundt om den. Men du må ikke overdrive det. Hvis din hund vil rejse sig, skal du bede den om at sige "Sit" igen, men annullér kommandoen efter et par sekunder.

Det er sådan, hvalpen lærer kommandoen "Sit!":

- Når hunden har lagt sig på sin plads eller sit tæppe, kan du stryge den, mens du siger "Sit" igen og igen. På denne måde forbinder han ordet "sidde" med en positiv oplevelse.
- Så snart du opdager, at hvalpen er træt, lokker du den hen til kurven, f.eks. med en godbid. Hvis han lægger sig ned i kurven, gentager du ordet "Sit".
- Når du har gentaget denne øvelse i et stykke tid, er det næste skridt at forsøge at sende hvalpen hen til sit tæppe eller sin kurv blot ved at sige ordet "sid". Hvis det sker uden yderligere problemer, skal der lyde en stor ros.

Visuelt signal "Place

Hentning

Tilbagebringning indebærer også, at hunden afleverer sit "bytte". Denne del af øvelsen giver god mening. Du behøver trods alt ikke altid at reagere med et hårdt "sluk"-forbud, når din hund har noget i sin fangst, som du vil tage fra den. Prøv en ombytning.

Giv hunden en godbid og sig "sæt den ned". Din hund kan frit beslutte, om den vil tage imod godbidden eller ej. Hvis han vil tage den, skal han lægge det, han har i munden, fra sig. Giv hunden godbidden, og ræk straks ud efter bytteobjektet. Din hund bør under ingen omstændigheder få begge dele.

Visuelt signal "Off

Indisciplinering

Udtrykket "disciplin" i hundetræning står for regler og grænser, der skal overholdes. Alle levende væsener i denne verden er disciplineret på en eller anden måde og følger visse love. Det gælder også for din hund. I dine omgivelser skal han overholde de regler, som du som flokleder har fastsat. Du bestemmer selv, hvornår du vil spise, og hvornår du vil gå en tur udenfor. Du bestemmer også, hvornår din hund må lege, hvornår du må træne med den, og hvor og hvornår den må grave huller. Der er ingen hvis'er, hvis'er og hvis'er eller men'er... det gøres på denne måde og ikke på nogen anden måde. Nu skal du selvfølgelig "forklare" dette til din hund, så den ikke viser manglende disciplin over for nogen. Det er den eneste måde, hvorpå du kan tage hensyn til dit miljø.

Men hvad gør du, hvis din firbenede ven slet ikke vil opføre sig disciplineret? Først og fremmest skal du se på dig selv. Er du disciplineret over for din hund? Accepterer han dig som flokleder? Sandsynligvis gælder disse punkter ikke, og du skal arbejde på dem. Vend dig oprejst og energisk mod din firbenede ven, for du er alfa-dyret, og alle de andre skal følge dig. Vær konsekvent, og tillad ingen undtagelser. Dette er det første skridt i at lære din hund disciplin.

Ikke desto mindre gælder følgende også, når du underviser i disciplin: Arbejd altid med positiv forstærkning (klap, godbidder) og aldrig med straf (slå, råbe ad). Så ros din firbenede ven, når han tygger på sit legetøj. Men hvis han tramper på din sko, skal du råbe et skarpt "nej" og fjerne skoen. Du bør nu ignorere din hund i et kort stykke tid. Hvis han nu accepterer sit legetøj for at tygge på det, skal du rose ham meget. Husk på, at sko er tabu, og få ikke den idé at give den "stakkels" hund en slidt sko at tygge på. Han vil ikke kunne se forskel på en ny, dyr sko og en gammel, billig sko. Du ville forvirre ham meget.

Disciplin betyder også, at du skal have et fast dagsprogram. Bestem, hvornår du fodrer din hund, hvornår du går tur med den, og hvornår du leger eller hygger dig med den. En hund har også et indre ur og ved hurtigt, hvad der skal gøres og hvornår. Det gør det meget nemmere at bo sammen med din firbenede ven.

Overdreven gøen

Først og fremmest skal det siges, at gøen er en naturlig adfærd hos hunden. Ud over sit kropssprog kommunikerer den med sine artsfæller ved at gø. Afhængigt af racen kan hyppig gøen være normalt, mens andre racer næsten ikke giver lyd fra sig. Men permanent gøen ligger ikke i hundens natur. En sådan adfærd kan have forskellige årsager, men de har alle en meget ubehagelig indvirkning på hverdagen. Hvis din hund gøer uhensigtsmæssigt meget og højt, kan det skabe problemer i nabolaget. Selv i hundeskoven er du ikke længere velkommen med din firbenede ven, for hvem vil have en gøende hund ved siden af dig?

Det første, du skal gøre, er at finde ud af, hvorfor din hund gøer så meget. Hvad får ham til at tiltrække sig opmærksomhed fra dem omkring ham? Gøer han f.eks. ekstraordinært hårdt, når det ringer på døren, eller måske når han ser fugle eller katte i haven? Folk, der kommer forbi, kan også udløse denne gøen, f.eks. hvis du er ude at gå en tur. Eller måske gøer din hund bare af kedsomhed, når den er alene hjemme, eller blot fordi den kræver din opmærksomhed.

Når du har fundet årsagen, kan du arbejde på den. Hvis din hund gøer, når det ringer på døren, eller når der er folk på din ejendom, kaldes det "alarm gøen". Det er hans måde at fortælle dig, hvad han har bemærket. Der bør dog ikke være overdreven gøen her. Du bør forsøge at distrahere ham. Send ham f.eks. hjem til sin plads med sit yndlingslegetøj. Hvis din hund adlyder og tygger på legetøjet i stedet for at gø, skal du belønne den med en godbid. Øv dig nu i denne procedure, hver gang din hund begynder at gø.

Du kan også forsøge at gøre din firbenede ven følelsesløs over for de lyde, der udløser gøen. Dette kaldes også modkonditionering. For at gøre dette skal du optage lydene og derefter afspille dem for din firbenede ven. Gør det stille og roligt i begyndelsen, og øg lydstyrken med tiden. Sørg for, at de oprindelige lyde ikke forekommer i det tidsrum, du øver dig, så din hund ikke bliver urolig. Tænk altid på belønningen, når din firbenede ven reagerer, som du gerne vil have det. Med tiden vil den vænne sig til lydene og vil ikke længere gø i stor udstrækning, men forblive rolig og afslappet.

Når du gøer efter katte, fugle eller andre væsner på din ejendom, hjælper kun en pålidelig tilbagekaldelse. Du bør lære din hund dette tidligt, så du kan kalde den væk fra risikable situationer. Igen skal du arbejde med belønninger i form af godbidder. På den måde lærer din hund, at det er værd at komme hen til dig, når du kalder på den. Han kan jo altid håbe på en godbid, og hans opmærksomhed vil være rettet mod dig i stedet for mod fugle og katte.

Hvis din firbenede ven kan lide at belemre vindueskarmen og gø af folk, der kommer forbi, skal du nægte ham dette sted at ligge ned. Tilbyd ham i stedet et alternativt sted og lad ham f.eks. lege med sit yndlingslegetøj. Eller giv ham en tyggeknogle for at holde ham beskæftiget. I haven skal du bruge tilbagekaldelsen igen. Lad ikke dit kæledyr være alene i haven, før det har vænnet sig til at gø, så du altid kan observere adfærden og gribe ind, hvis det er nødvendigt.

Hvis din hund gøer, når du forlader huset og er nødt til at lade den være alene, lider den af separationsangst. Hunde er meget sociale dyr og kan lide at leve i en flok, i dit tilfælde i familien. Hvis han er alene, føler han sig utilpas og savner dig. Begynd at lade din firbenede ven være alene i lejligheden i korte intervaller. I begyndelsen kan du nøjes med at forlade det rum, hvor din hund er, og observere, hvordan den opfører sig. Lad de perioder, hvor du er alene, blive længere og længere. Din hund har brug for at lære, at den kan stole på dig, og at du vil komme tilbage. For at distrahere ham kan du f.eks. lade radioen være tændt. Det giver ham noget at fokusere på, mens du er væk. Måske kan en madbold eller en tyggeknogle også være med til at holde din firbenede ven beskæftiget. Under alle omstændigheder bør du sørge for, at han allerede har lidt travlt og er træt, når du skal af sted. Din hund vil sandsynligvis tage hans plads og sove under dit fravær. Så gå en tur med ham eller leg med ham i forvejen. Når tiden er inde til at tage af sted, skal du ikke gøre det til et drama, dvs. ikke sige farvel overstrømmende eller noget i den retning. Du bør heller ikke dramatisere din hjemkomst. For din firbenede ven skal det være helt naturligt og i orden, at du forlader huset, men også at du kommer tilbage. Desuden bør du altid ændre din "afrejserutine", så din hund ikke reagerer ængsteligt på forhånd, fordi den har mistanke om, at den snart vil være alene. Hvis du tager disse små råd til dig, vil din hund ikke føle sig utilpas, når den er alene hjemme.

At få din opmærksomhed ved at gø kan være en anden grund til, at din firbenede ven gøer uafbrudt. Det eneste, der hjælper her, er at ignorere ham. Hvis du reagerer på nogen måde på denne gøen, tror din hund, at den gør alting rigtigt. Han vil have din opmærksomhed, og han vil få den. Vent et stykke tid for at se, om din hund holder op med at gø af sig selv. Hvis han gør det, skal du belønne ham udførligt med din opmærksomhed eller endda en godbid. Hvis ikke, skal du give ham kommandoen til at sidde eller lægge sig ned på sin plads. Når han er faldet til ro og er holdt op med at gø, skal du belønne ham.

Men måske har din firbenede ven for lidt "at lave". Så keder han sig meget hurtigt, og det kan udvikle sig til irriterende gøen. Han er nødt til at beskæftige sig med noget, og hvis der ikke er andet, vil han gø højt. Det eneste, der hjælper her, er yderligere aktivitet. Gå en tur oftere, træn din hund til at lave små tricks flere gange om dagen eller leg meget med din kammerat. Du vil få succes hurtigere, end du tror.

Gøer din hund uophørligt efter andre hunde, når du går en tur? Det kan have to årsager - enten fordi din hund ikke kan komme hen til den anden hund, fordi den er i snor, eller fordi den føler sig utryg og er bange for den anden hund. I sådanne tilfælde bør du søge professionel hjælp på en god hundetræningsskole. Trænerne er godt forberedt på disse problemer og kan hjælpe dig med at få din hund til at reagere roligt og roligt igen, når I begge møder andre artsfæller.

Hvis alle de tips, der er foreslået her, ikke hjælper, må du under ingen omstændigheder begynde at straffe din hund for at få den til at holde op med at gø. Dette vil ikke fungere. Han gøer måske mindre, men lader sin frustration gå ud over andre ting. Problemet ville ikke blive løst, men kun udskudt. Også i dette tilfælde kan du søge hjælp hos en hundeskole i nærheden.

Frygt for at køre bil

Du vil helt sikkert ikke undgå at skulle transportere din hund i bilen på et tidspunkt. Forhåbentlig er din firbenede ven en af dem, der nyder at rejse i bil, for så kan du se frem til hver eneste biltur på en afslappet måde.

Men hvis det modsatte er tilfældet, behøver du ikke at fortvivle, for der er mange måder, du kan fjerne din hunds frygt på. Du kan finde ud af, hvordan du bedst gør det i dette kapitel.

Det ville selvfølgelig være godt at vide, hvad der skræmmer din hund, når den kører i bilen. Har han måske haft en dårlig oplevelse i fortiden? Tog hans første tur ham til dyrlægen? Han vil måske forbinde det med det og pege negativt på kørsel. Eller måske kan din hund bare ikke lide lyden af motoren, eller din kørsel gør den utilpas. Det er også muligt, at han forbinder en bil med smerte, fordi han engang ved et uheld fik sin hale eller pote i klemme i døren. Det er bestemt ikke altid let at forstå, hvorfor din hund er bange for bilen.

Ikke desto mindre kan du fortælle dit kæledyr, at din bil ikke er nogen fare for det. Men gå roligt og fornuftigt til værks, for hvert lille fremskridt tæller. Det første, du kan gøre, er at vise ham bilen. Lad hunden snuse til den stationære bil, gå langs den og ja ... en hanhund kan nu også løfte sit lille ben på dækket. Det må du leve med nu. Hvis din firbenede ven ikke viser nogen frygt, skal du rose ham meget. Gentag denne øvelse et par gange, før du går videre til næste trin.

Det kan se sådan her ud: Få en hjælper til at starte motoren, og før derefter din hund hen til køretøjet. Udstråler du ro og ro, vil dette også blive overført til din hund. Nu kan han inspicere den skræmmende "blikkasse" udefra og vænne sig til lyden af den kørende motor. Snart vil han med din hjælp indse, at der ikke kan ske ham noget. Det kan tage flere forsøg, før din firbenede ven tør nærme sig bilen. Hvis han ikke kan lide at gå tættere på, skal du ikke tvinge ham, men flytte dig væk og beskæftige dig med ham et andet sted. Prøv dog at nærme dig køretøjet med motoren i gang med din hund igen og igen med passende intervaller. Til sidst vil han overvinde sin frygt og blive nysgerrig. I dette tilfælde må du ikke glemme at belønne ham i stor udstrækning.

Hvis du tror, at din firbenede ven nu er rolig nok til at begynde den næste øvelse med bilen, kan du prøve følgende: Tilrettelæg en leg om at søge efter godbidder i køretøjet. Lad ham se dig lægge godbidderne ved siden af, foran, bagved og inde i bilen. I bagagerummet kan du lægge et tæppe, som din hund allerede har brugt, som en lille hjælp. Den velkendte lugt vil gøre det lettere for ham at hoppe i. Lad ham nu lede efter, finde og gnaske den ene godbid efter den anden. Vis ham også, at der stadig er godbidder, der venter på ham inde i køretøjet. Det kan være, at han ikke bryder sig om at sætte sig helt ind i bilen første gang, så giv ham tid, og vær tålmodig. Din hund vil hurtigt indse, at bunken af blik er harmløs, og den vil med glæde give slip på bidderne.

Hvis det har fungeret godt flere gange i træk, og dit kæledyr kommer ind i bilen uden frygt, er det tid til at lukke dørene. Til dette formål har du valgt en godbid, der vil holde dit kæledyr beskæftiget i et stykke tid, måske en tyggeknogle, som det kan lide. Hvis din firbenede ven nu ligger i støvlen og tygger afslappet, skal du lukke døren. Åbn dog straks efter bilen igen for at se, hvordan han har det. Hvis han viser tegn på angst, skal du gentage de foregående trin, før du begynder at lukke bagagerumsdøren igen. Igen vil din hund snart have tillid til dig og forstå, at der ikke er nogen fare.

Hvis det er tilfældet, skal du holde bagagerummet lukket og starte motoren. Hav altid din hund inden for synsvidde, så du kan se og genkende dens reaktion. Første gang skal du kun lade bilen køre kortvarigt og straks slukke den igen. Hvis din hund forbliver rolig, kan du forlænge perioderne, indtil du er klar til at køre de første par meter. Du bør også holde dette træningspas meget kort i begyndelsen og derefter forlænge det. Hvis din hund forbliver rolig, skal du bare køre lidt med den, men hvis den reagerer frygteligt, skal du lade den stå på en parkeringsplads og afparkerer den. Med tiden vil frygten forsvinde, og måske vil han nyde at køre i bilen. Hav tålmodighed og masser og masser af godbidder ... så bliver kørsel snart en fornøjelse.

Stædighed

Nogle gange kaldes hunde stædige, fordi de simpelthen ikke vil adlyde. Det er dog som regel en misforståelse, for ingen hund er stædig eller ulydig, fordi den ønsker at irritere sit menneske. Det kan snarere være, at din hund simpelthen ikke kender kommandoen endnu, eller at den ikke kender den korrekt, og derfor er den ikke klar for den. Det er også muligt, at din firbenede ven ikke kan se nogen fordel i at adlyde dig lige nu, og at ulydighed derfor virker mere givende for ham. Eller det kan være ydre stimuli, der forstyrrer ham, fordi han endnu ikke har lært at håndtere dem.

Hvis du har indtryk af, at din firbenede ven er stædig, skal du ændre træningen, så den bliver interessant igen. Øv dig i mindre tidsintervaller, og start uden ydre stimuli og distraktioner. Når din hund har lært lektien, kan du øge sværhedsgraden ved at tilføje distraktioner. Det kan være lyde, som ellers ikke er til stede, eller at der er andre mennesker i nærheden. Når en kommando passer godt til de ydre stimuli, kan du øve andre kommandoer på samme måde. På denne måde bliver din hund mere konsolideret og mindre distraheret.

Som altid er der brug for en masse tålmodighed fra Deres side her. Din hund har en meget lav frustrationstolerance. Det betyder, at han hurtigt bliver frustreret, hvis en øvelse tager for lang tid eller er for svær. Koncentrationen falder derefter fra hinanden, og han bliver træt og sløv. Situationen overvælder din firbenede ven, og han bliver hurtigt stemplet som stædig. Men det er ikke tilfældet. Derfor er det bedre at have korte træningsintervaller end at træne i timevis.

Overvej også, hvilken race dit kæledyr tilhører. Der er flere hunderacer, der kaldes stædige, men som ikke er det. Det drejer sig bl.a. om jagthunde og vagthunde. Sådanne racer er blevet opdrættet til at træffe beslutninger på egen hånd og også til at sætte spørgsmålstegn ved din herres kommandoer nogle gange. Disse hunde er ekstremt intelligente, og de følger ikke altid instinktivt deres mennesker, fordi de kan og skal handle på egen hånd uden menneskelig hjælp. I dette tilfælde skal du gøre dig selv mere interessant for din hund igen, så den er opmærksom på dig og lytter til dig. Hav altid godbidder klar, som gør det værd at få din hund til at komme hen til dig og adlyde din kommando.

Hvis du har en meget god hund på din side, bør det ikke være for svært at motivere den til at samarbejde med dig. Din overtalelsesevne i form af hundepølse & co. burde være nok til at få din hund til at indse, at det altid er værd at lytte til dig.

Hvis dit kæledyr ikke er interesseret i godbidder, er det eneste, der kan hjælpe, tilstrækkelig aktivitet. Måske skulle du også arbejde lidt på båndet til din hund, for hvis der er problemer her, og båndet mellem jer to endnu ikke er helt solidt, er det ikke overraskende, at lydigheden ikke kommer til at fungere. Gensidig tillid er grundlaget, og masser af tålmodighed er krydderiet.

UDSTYR TIL HUNDEN

Før din nye ven kan flytte ind hos dig, skal du købe noget tilbehør til ham. Først og fremmest har den naturligvis brug for et sted at sove i form af en hundekurv eller en sovepude. Derefter skal den have en mad- og drikkeskål i en passende størrelse. Du skal have et halsbånd, eller endnu bedre en sele, og en snor, så du kan gå sikkert med din hund. Forskellige plejemidler er også nyttige. Afhængigt af pelsens tilstand kan børster, kamme eller plejende handsker være nyttige. Hvis du er sikker på, at du kan klippe din hunds kløer, skal du også bruge en klosaks. Dette er det generelle udstyr, som du helt sikkert skal købe.

Det bliver mere detaljeret, når du ønsker at bruge visse former for tilbehør og hjælpemidler til at træne din hund. Her kan der anvendes forskellige snore. Brugen af en fløjte eller en klikker har også vist sig at være meget effektiv. Men vær forsigtig... der findes også mange hjælpemidler på markedet, som er yderst uegnede og kontraproduktive til effektiv hundetræning. Lad dig ikke vildlede her. Alle redskaber, der forårsager din hund lidelse, smerte eller ubehag, bør forvises fra dit sind. Dette omfatter navnlig choke- eller bidende halsbånd eller forskellige såkaldte impulsapparater. Hold fingrene fra dem!

Det giver meget mere mening at købe et godt halsbånd eller en god brystsele til din hund. Om det ene eller det andet afhænger helt af din firbenede ven. En brystsele er mere velegnet til hunde, der f.eks. har problemer med at trække vejret eller har en meget stærk hals. Firbenede venner, der let kan trække hovedet ud af halsbåndet, er også bedre tjent med en sele. Desuden bør du bruge en sele, hvis din hund ikke går godt i snor, dvs. ikke kan føres i snor.

Hvis du har planer om at deltage i forskellige sportsgrene med din hund, kan en brystsele også være mere velegnet end et halsbånd. Arbejdshunde, som f.eks. rednings- eller sporhunde, skal endda have en sele på. Her skal der så bruges et halsbånd eller i det mindste en anden sele i fritiden, så hunden tydeligt kan se forskellen mellem arbejde og fritid. Uanset om der er tale om en sele eller et halsbånd, skal størrelsen under alle omstændigheder vælges, så den passer til hunden. Den må hverken være for stor eller for lille og skal have en god polstring, så der ikke opstår trykpunkter.

Under træningen af en ung hund kan det være nyttigt at bruge forskellige snore. Mens en simpel snor er tilstrækkelig til en normal gåtur, skal der bruges en anden snor til træning. En såkaldt slæbebånd har vist sig at være velegnet her.

Du skal bruge en slæbeline, hvis din hund endnu ikke kan hentes pålideligt, eller hvis den udvikler et for stort jagtinstinkt. Desuden er det mange steder ikke tilladt at lade en hund løbe uden snor. En slæbesnor ville også være et godt alternativ i dette tilfælde. Din hund nyder mere frihed, men er stadig sikkert tøjlet og under din kontrol. Nu kan du finde ud af, hvordan det præcist bruges.

I bund og grund er det blot en ekstra lang snor. Du kan købe dem i forskellige længder fra 3 meter til 15 meter og i forskellige materialer. Afprøv, hvilket materiale der passer bedst til dine hænder, og sørg for, at snoren ikke har sløjfer eller metaløjer. Længden skal passe til din hunds størrelse. Jo større, stærkere og kraftigere han er, jo kortere bør forspringet være. En brystsele er nødvendig til denne type snor, da der ellers er stor risiko for skader på halshvirvlerne, hvis din firbenede ven skulle komme ukontrolleret af sted.

En slæbeline er et hjælpemiddel under træningen af din hund, men er også en vigtig forbindelse mellem jer to. Din firbenede ven skal altid orientere sig mod dig og kommunikere med dig. Beløn ham altid, når han opfører sig ønskværdigt, f.eks. når han søger øjenkontakt med dig. Dette er ikke en selvfølge og bør altid belønnes. Linen hjælper din hund til ikke at bevæge sig for langt væk fra dig og til altid at holde sig i sikker afstand. Brug den aldrig som en straf, f.eks. ved at give den et ryk, din hund skal altid forbinde noget positivt med den.

Desuden forhindrer slæbelinjen uønsket jagt. Hvis din firbenede ven pludselig løber væk, fordi han vil jagte en kanin, kan du forhindre det ved at holde snoren eller træde hårdt på den. På denne måde lærer din hund, at jagt ikke er ønsket og straks stoppes. Det vil ikke lykkes, og efter flere forgæves forsøg vil han ikke længere være interesseret. Træning med en sådan snor kan påbegyndes i en meget ung alder på omkring fire til fem måneder, helst før hvalpens jagtinstinkt sætter ind.

Hvis du bor i et område, hvor der næsten ikke er mulighed for at lade din hund løbe frit, kan en slæbesnor være en hjælp. Din hund skal dog først vænne sig til en sådan snor, da den er meget anderledes end en normal snor. Irritation kan ikke udelukkes; måske ser din firbenede ven et nyt stykke legetøj i den og bider i ledningen. Vær tålmodig i starten og prøv det hjemme i haven for at se, hvordan din firbenede ven reagerer. Lænk ham op, og ros og beløn ham, hvis han ikke har noget imod at være i snor. I begyndelsen er det ikke let at håndtere denne lange snor sikkert, når du er ude, og du skal først prøve det og øve dig. Din hund vil helt sikkert blive viklet ind i buskene eller vikle snoren om sine egne ben. Du kan naturligvis hjælpe din hund med at komme ud af denne situation, men fremover bør den kunne gøre det selv.

Når din hund er blevet vant til snoren, kan træningen begynde. I begyndelsen bør du ikke give ham hele længden af snoren, og snoren bør heller ikke hænge ned mod jorden på dette tidspunkt. Du må aldrig vikle enden af snoren om din hånd, da dette kan medføre alvorlige skader. Bind i stedet en knude i enden af snoren for at forhindre den i at glide.

Hvis din hund er opmærksom og søger øjenkontakt med dig, skal du rose den. Hvis han derimod trækker kraftigt i snoren, skal du gå langsomt i en anden retning uden at ryste i snoren, så han holder op med at opføre sig sådan. Din hund skal også have lov til at være en hund og snuse til omgivelserne. Bare sørg for, at han ikke trækker dig bag sig som et flag.

Det er fornuftigt at studere en kommando med din Golden Retriever, der signalerer, at snoren er slut. Det kunne f.eks. være "stop", "stop" eller "slut". På denne måde lærer din firbenede ven, at han kun har en begrænset radius til rådighed og ikke vil trække i snoren, når den er slut. Hvis den ikke reagerer på dette, skal du ændre retning eller blot stå stille, indtil din hund igen fokuserer på dig. Det vil helt sikkert tage noget tid, men han vil vænne sig til det og så vil han selv vide, hvor langt han kan gå.

Et andet godt redskab til hundetræning er klikkeren. Du har sikkert hørt dette udtryk før, men hvad er en klikker egentlig? Det er en lille enhed, der laver en kliklyd, når der trykkes på den. Den er beregnet som en positiv forstærker, der straks signalerer til hunden: "Jeg gjorde alt rigtigt, og jeg er ved at få min belønning for det". På denne måde motiveres din hund til at udvise en adfærd, som du ønsker.

Men først skal du selv lære at bruge den, for det er ikke så let at bruge klikkeren på det helt rigtige tidspunkt. Du kan meget nemt øve dig i det. Bed en hjælper om at smide en bold på gulvet. Når bolden rører gulvet, skal du bruge klikkeren. Efter et par forsøg burde du have lært det rigtige øjeblik.

Nu er det din hunds tur, og den skal også lære at reagere på klikkeren. Dette kaldes også "klassisk konditionering" i fagkredse. Lyden fra klikkeren kaldes "sekundær forstærkning", som indikerer belønningen i form af en godbid, den "primære forstærkning". Disse forstærkninger er designet til at få din hund til at udføre den adfærd, du beder den om at udføre.

Men nu skal din firbenede ven lære at forstå, hvad lyden fra klikkeren skal betyde. Han skal skabe en forbindelse mellem "klik" og "godbid". Tag ham med til et roligt hjørne af din have. Brug nu klikkeren som ved et tilfælde, og hav en godbid klar, som du straks giver din firbenede ven. Gentag dette flere gange i træk.

I det næste forsøg skal du bruge klikkeren, når din firbenede ven har travlt, f.eks. når han går rundt i haven. Reagerer han på klikkeren og kaster et forventningsfuldt blik i din retning? Bravo, konditioneringen har virket, og du kan nu gå i gang med den egentlige træning. Brug dog kun klikkeren, mens du laver øvelser med din hund, og ikke kun for at tiltrække dens opmærksomhed. Så vil dette lille værktøj hurtigt blive ubrugeligt.

HALSBÅND ELLER BRYSTSELE?

Dette kapitel omhandler det ofte stillede spørgsmål om, hvorvidt du hellere skal bruge en halsbånd eller en brystsele. Begge støtteformer sammenlignes med hinanden ud fra et neutralt synspunkt. Undersøg også dette emne lidt nærmere, før du beslutter dig for det ene eller det andet, for det er meget vigtigt at have en god håndtering af hunden, når du går tur. Det er ikke kun relevant for sikkerheden for andre hunde og de andre gående, du møder på vejen, men også for din hunds sikkerhed. Hunde forstår bare ikke de komplicerede regler, der gælder i vores trafik. Derfor er din ledsager meget afhængig af, at han/hun bliver ført sikkert af dig, og det omfatter også at blive ført i snor, især i byer og på travle veje.

Så lad os starte med det klassiske redskab til hundetræning, halsbåndet. Den mest almindelige kritik af halsbånd er, at de kan være meget ubehagelige for hunden at have på. Med en krave af god kvalitet og en passende størrelse kan man dog under alle omstændigheder undgå en sådan ubehagelig fornemmelse af at bære den. Men hvis din hund har en stærk tendens til at trække i snoren, vil selv et perfekt tilpasset halsbånd ikke hjælpe dig. I tilfælde af kronisk trækkende hunde kan det permanente pres på strubehovedet og luftrøret føre til helbredsproblemer. Uanset om du har planer om at bruge et halsbånd eller ej, bør du øve dig intensivt i at gå i snor med din hund, for det er aldrig godt, når hunden trækker i snoren hele tiden, heller ikke for ejeren.

For at vælge en velsiddende krave behøver du faktisk ikke at være særlig opmærksom. Kraven må ikke være for tynd, da den i så fald vil snøre sig sammen og forårsage smerte. En tommelfingerregel er, at halsbåndet skal være mindst lige så bredt som hundens næse. Du skal også kunne føre to fingre ind under kraven, når den er på, for at sikre, at den ikke sidder for stramt. Den må dog heller ikke være for bred, da der ellers er risiko for, at hunden trækker hovedet ud af halsbåndet og frigør sig fra snoren. Når du køber et hundehalsbånd, skal du altid rådføre dig med det specialiserede personale. Det er bedst at tage hunden med dig i butikken og få halsbåndet monteret direkte. Hvis hunden af en eller anden grund ikke kommer med dig, skal du sørge for at oplyse sælgeren om hundens race og alder. Egnede materialer til hundehalsbånd er læder, stof eller neoprenforing. Et kædehalsbånd er ikke en mulighed og er helt sikkert dyremishandling. Hvis du bærer en sådan, vil din hund altid få smerter på grund af indsnævring og fastklemte hår. Sælgere, der råder dig til at bære en sådan krave, er useriøse.

Så meget for halsbåndet, nu til brystselen. Med en sele er trykket bedre fordelt, og derfor er det normalt mere behageligt for hunden at have en velsiddende sele på end at have et halsbånd på. For at sikre en god pasform skal du sørge for, at stropperne ikke glider ind under hundens armhuler. Ellers kan selen skrabe, når hunden går. Den største belastning ligger på selen midt på brystet, så dette område bør have ekstra polstring. Denne polstring forhindrer ubehageligt pres på hundens bryst. Hundens skuldre skal også kunne bevæge sig frit og må ikke hindres af remme.

Nu ved du nogenlunde, hvad du skal kigge efter, når du køber halsbånd og brystseler. I sidste ende bør valget ikke afhænge af det æstetiske aspekt af det pågældende hjælpemiddel, men af din hunds behov og adfærd. Det er fornuftigt at købe begge dele og vænne hunden til begge dele. Med tiden vil du bemærke, hvad han føler sig mest tryg ved.

VALG AF DEN RIGTIGE SNOR

Ligesom med spørgsmålet om, hvorvidt du skal bruge et halsbånd eller en sele, er det i sidste ende dig, der bestemmer, hvilken snor der skal bruges. I dette kapitel lærer du, hvilke typer snore der findes, og hvad der adskiller dem fra hinanden. Der er ingen skade ved at prøve flere forskellige snore og først derefter beslutte, hvilken snor der passer til dig. Når du køber en sele, skal du sørge for, at skulderbladene kan bevæge sig frit, og at intet generer i armhulerne. Brystområdet skal være bredt polstret. Køb selen umiddelbart efter, at hvalpen er flyttet ind, hvis du ikke har mulighed for at tjekke, om den passer, før du gør det.

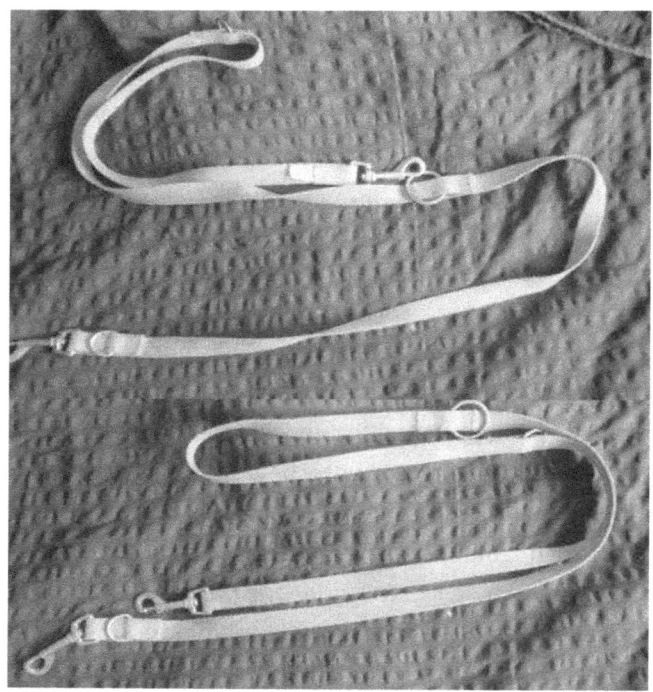

Vores snor, ®

Den "almindelige snor", også kaldet en leder snor, er den klassiske form for snor til hunde. Den er ca. 1 til 2 meter lang og er normalt fastgjort til en halsbånd eller en sele. Disse snore kan være lavet af læder eller plastik og have forskellige tykkelser. Enhver hundeejer bør have en sådan snor, fordi det er den bedste måde at træne hundens færdigheder i at håndtere snoren på. Den daglige snor giver dig god kontrol over hunden. Jo større hunden er, jo tykkere og tungere kan snoren være. En tung snor vil være til hinder for at gå med en lille hund, så køb kun en tynd snor til en lille hund. Du kan normalt finde oplysninger om hundens vægt på snore, der fås i butikkerne.

"Flexi line" er en meget tynd line, som er viklet på en spole i et hus med et håndtag. Når den er fuldt udrullet, kan den have en længde på op til 10 meter. Der er en knap på huset, hvormed du kan stoppe afviklingen og også lade snoren rulle tilbage i huset. Resultatet er, at flexisnoren altid er under spænding. Det er ikke uden grund, at denne type snor bliver kritiseret af denne grund. Hunden lærer, at den skal trække i snoren, for ellers vil snoren ikke blive ved med at rulle sig ud. Desuden er denne snor helt uegnet til større hunde, som har en tilsvarende større trækstyrke. Låsemekanismen kan kun modvirke en lille kraft. Så med en stor hund er der altid en risiko for, at mekanismen svigter, hvilket kan bringe hunden eller dens omgivelser i en farlig situation. Desuden har du som ejer næsten ingen kontrol over hunden.

"Retriever-kæden" er en særlig type snor, som ikke kræver halsbånd eller sele. Med retriever snor er halsbåndet så at sige indbygget i snoren. I hver ende af snoren er der en løkke, som normalt er justerbar i størrelsen, en til at holde hunden på plads og en i den anden ende til at erstatte halsbåndet. Halsbåndsløjfen er trukket løst over hovedet og sidder derfor langt mindre sikkert end et rigtigt halsbånd. Dermed går halsbåndets fordele, såsom at hunden ikke let kan frigøre sig fra det, naturligvis tabt. En retrieverkæde er dog et godt valg, hvis din hund går meget godt og ikke har tendens til panikreaktioner.

"Slæbesnoren" bruges til udendørs træning af hunden. Den er mindre velegnet til brug under en normal gåtur. En slæbeline er meget lang for at give hunden så meget plads til at bevæge sig så meget som muligt uden at kunne flygte ukontrolleret. Det giver dig mulighed for at motionere og lege med din hund udenfor uden at bringe hunden eller andre i fare. Jo større hunden er, jo tykkere skal slæbelinen også være, jo større skal den være. Du kan også vælge en slæbeline med eller uden håndsløjfe, afhængigt af om du ønsker at holde linen meget i hånden under træningen eller foretrækker at forhindre hunden i at løbe væk ved at sætte en fod på enden af linen. Fordelen ved en snor uden løkke er, at den ikke kan sidde fast uventet.

"Husets snor" har grundlæggende samme funktion som slæbesnoren, bortset fra at den bruges indendørs i hjemmet. Du kan bruge den til at lave øvelser inde i huset og f.eks. føre hunden til dens plads, når den skal vente der. Det er f.eks. nyttigt, når du øver dig i at hilse på besøgende. Når en hund bor i en husstand, bør den aldrig være den første til at hilse på besøgende i hjemmet. I stedet skal den lære at vente på et bestemt sted, indtil den besøgende er blevet hilst velkommen og lukket ind af et andet medlem af husstanden. Først derefter må hunden hilse på den besøgende. En huslænke er også meget praktisk i forbindelse med hvalpetræning, da du kan bruge huslænken til at komme udenfor meget hurtigt og dermed fremme hundens opdragelse til at blive husket.

Den såkaldte "joggingkæde" er et praktisk hjælpemiddel for sportsudøvere. Du skal blot binde den om din talje, lænke hunden med karabinhagen, og så har du hænderne fri til at løbe. Den indbyggede støddæmper giver ekstra komfort for både hund og ejer. For at kunne bruge en joggingsnor skal hunden allerede kunne gå godt i snor og være begejstret for sådanne aktiviteter.

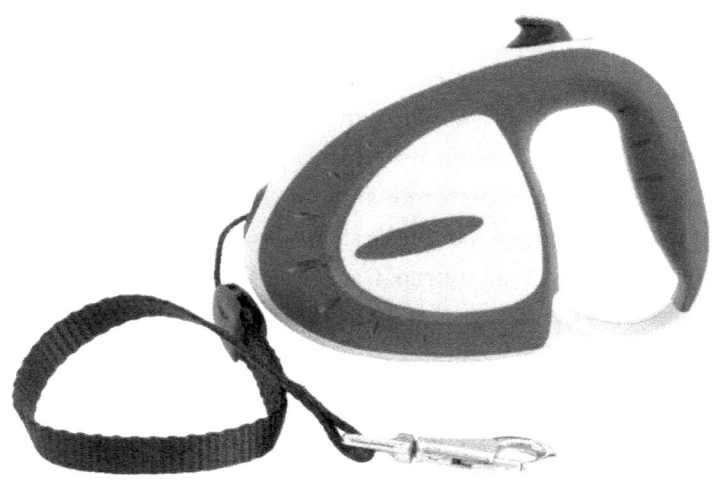

Sådanne automatiske linjer klarer sig ikke så godt.

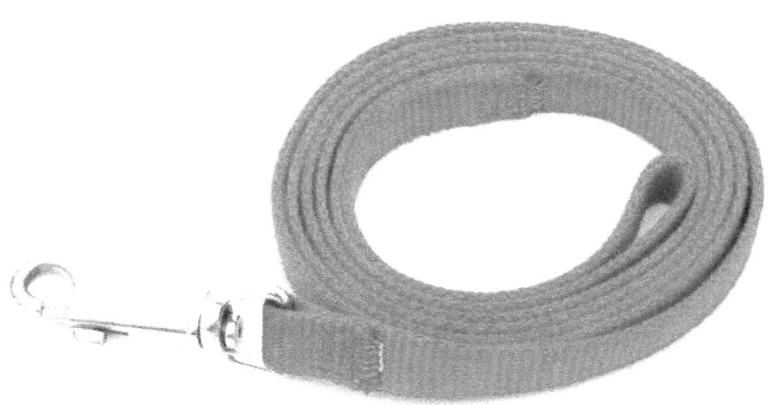

Det er bedre med en solid snor.

Træk i snoren

Denne dårlige vane er også baseret på fejl i hvalpens træning. Måske har du også brugt en flexi-kæde (automatisk snor), fordi du troede, at det ville give hunden større bevægelsesfrihed. Nu hjælper kun målrettet træning med en justerbar snor på ca. to meters længde.

Det er fuldstændig meningsløst at arbejde med modtræk eller endda bruge et kraftigt ryk i snoren. Det opmuntrer din hund til at trække endnu hårdere. I begyndelsen skal du bare prøve at stå stille. Kald hunden til dig. Lad ham nu gå på hælen i et par minutter. Hvis du konsekvent reagerer på denne måde, hver gang hunden trækker, vil den sandsynligvis give slip på det. Han lærer, at det er en disciplinær øvelse at hive og ikke gavner ham.

Hvis dette ikke hjælper, kan du bruge nedenstående metode. Det gør det muligt for dig at fremstå overraskende over for hunden. På den måde har du øjenkontakt og kan nemt påvirke ham. Det er vigtigt, hvis du skal gribe ind, når to hunde mødes.

Øv bevægelserne uden hunden i starten, for de skal foregå uden problemer og uden at hive i snoren. Fastgør snoren til en genstand, og hold den stramt i løkken.

Tag et skridt mod linjen, mens du halvt drejer dig mod den og griber den med din frie hånd. Spændingen skal forblive uændret. Hold nu snoren foran din krop med begge hænder.

Bliv ved med at dreje i den retning, mens du vikler linen rundt om kroppen. På denne måde nærmer du dig fastgørelsespunktet uden at ændre snorens spænding. Dette er meget vigtigt, fordi snoren senere er fastgjort til hunden. Hunden må ikke opdage, at du nærmer dig den.

Vores lille linen trick, ®

Med den næste halve vending stiller du dig foran det faste punkt på snoren. Så snart du har lært bevægelserne, skal du udføre dem, når hunden trækker igen. Han er allerede vant til, at du stopper. Men denne gang kalder du ikke på ham, men dukker pludselig op foran ham. Pak snoren væk fra din krop, og fortsæt med at gå, som om intet er sket.

BELØNNINGER OG GODBIDDER

Belønninger i form af kælen, venlige ord, yndlingslegetøj eller særlige godbidder er af største betydning under hundens træning. En hund er korrumperbar, og hvis den kan opnå en fordel for sig selv, vil den også udvise den ønskede adfærd for en passende belønning.

Jo mere du arbejder med sådanne såkaldte positive forstærkere, jo bedre kan du opbygge et bånd med din hund. Din pelsede næse vil hurtigt indse, at du altid har noget lækkert at spise, og at det derfor er værd at komme hen til dig eller adlyde dine kommandoer på anden vis.

En belønning behøver ikke nødvendigvis at bestå af en godbid. Mange hunde bryder sig ikke om så mange bidder og er tilfredse med klap eller deres yndlingslegetøj. En lang tur på en mark kan også være en belønning for dyret. Men hvis du bruger godbidder, hvilket sandsynligvis vil være tilfældet, skal du også genoverveje din hunds foderration. Hvis du nu fortsætter med at fodre ham i henhold til producentens foderanbefaling, kan det hurtigt føre til fedme og tilsvarende andre sundhedsproblemer. Så træk godbidderne fra maden eller reducer portionerne. Hold dog altid øje med dit kæledyrs helbred og tjek hans vægt en gang imellem, for han bør ikke blive tyndere.

Hundesport til hunden

Golden Retrievere har brug for at blive udfordret regelmæssigt. Hvis de ikke får motion, finder de noget at lave, som du sikkert ikke bryder dig om. Der er også risiko for, at hunden vil forsøge at etablere et nyt hierarki i flokken. Hundesport er en ideel måde at holde hunden tilstrækkeligt beskæftiget fysisk og mentalt.

SMIDIGHED

Denne hundesport, som har været kendt i de tysktalende lande siden 1988, er velegnet til næsten alle racer. Den tilbydes af mange klubber og hundeskoler. Som det engelske ord antyder, handler det om smidighed og smidighed. Du gennemfører en bane med din hund, hvor du skal overvinde forskellige forhindringer. Lydighed er også vigtig, fordi din hund skal reagere korrekt på dine kommandoer og din kropsholdning.

DOGDANCE

Ligesom ved agility skal mand og hund fungere som et team. Men signalerne skal være diskrete. Det skal se ud, som om hunden handler af sig selv. Dine og din hunds bevægelser passer til rytmen i en melodi, som du har valgt. Hundedans har den fordel, at du ikke behøver et kursus. Så du kan øve dig med hunden derhjemme. Denne sport udfordrer hunden fysisk og mentalt.

FLYBALL

I denne sport skal hunden hoppe over fire forhindringer, udløse en boldkastmaskine og løbe til målstregen med bolden. De fleste hunde fanger bolden, så snart maskinen udløses, og løber hen til målet.

Flyball er en konkurrencedygtig holdsport. Fire hunde konkurrerer efter hinanden på to parallelle baner. Den næste hund starter, så snart den hund, der startede før, passerer målstregen. Din hund lærer at arbejde i et team med andre hunde.

MANTRAILING

Det er rent næsearbejde, så træningen er ekstremt mentalt krævende for hunden. Han lærer at følge sporet af et menneske og finde ham. Denne sport kan nemt udøves forskellige steder. Et menneske går en rute et stykke tid før du ankommer med hunden og gemmer sig. Din hund skal finde personen igen efter at have lugtet til et stykke af den pågældendes tøj.

Sporet må naturligvis ikke være særlig langt til at begynde med, men med en masse øvelse vil din hund kunne følge et spor, selv om det krydser eller går gennem en bæk.

MOBILITET

Sporten minder om agility, men hurtighed er ikke vigtig. Det vigtigste er at udføre øvelserne korrekt. Derfor er Mobility fremragende til ældre eller handicappede hunde. Skift fra agility til mobilitet, hvis du opdager, at din hund er overbelastet af den hurtige sport.

LYDIGHED

De fleste Golden Retrievere er stolte af at vise, hvor godt de adlyder. Derfor er lydighed perfekt for dem. Da der ikke er nogen fysiske krav, kan du også forkæle ældre hunde med denne fornøjelse. Den handler primært om almindelige lydighedsøvelser som "hæl", "sid" og "ned". Kommandoerne gives også på afstand. Din hund skal f.eks. gå hen til et markeret område, når du kalder på den, og lægge sig der, indtil du kalder på den.

TREIBBALL

Til Treibball skal du bruge en bold af uelastisk materiale, som din hund ikke kan fange. Han lærer at bevæge den med næsen. Målet er at styre bolden i en bestemt retning på kommando og rulle den ind i et mål. Sporten udfordrer din hund mentalt og træner dens smidighed.

Mange ejere fortæller også om, hvordan deres Golden Retriever elsker at lege og svømme i vandet. Måske kan deres hund også lide at være i vandet.

Sundhed, pleje og ernæring

RACESPECIFIKKE SYGDOMME

Ting er sikkert: Når du lader en Golden Retriever komme ind i dit liv, ønsker du, at han skal forblive sund og rask for altid. Det kan man håbe på, men desværre skriver livet sine egne historier.

Som alle andre hunde kan en Goldie også blive syg. Der er symptomer, der går hurtigt over og kan påvirke alle firbenede venner. Der er dog også sygdomme, der forekommer hyppigere hos en Golden Retriever.

Det kan hjælpe, hvis du tilpasser dig en smule. Det betyder selvfølgelig ikke, at det behøver at ske, men hvis du ved, hvad der kan ske, før du får en Goldie, har du det måske allerede bedre.

Du skal ikke bekymre dig for meget, for som allerede nævnt kan det også være godt for din hund at forblive sund og livlig resten af livet.

Den gennemsnitlige levealder for en Golden Retriever er mellem 10 og 12 år. Grunden til dette er ikke mindst størrelsen. Små hunde bliver ofte ældre, men da denne race hører til de store firbenede dyr, er det mere sandsynligt, at alderen klassificeres her. Men der er naturligvis undtagelser. Goldies kan blive 15-16 år gamle. Som med et menneske kan man ikke sige det præcist. En vigtig faktor i dette tilfælde er naturligvis helbredet. Hvis pelsede venner bliver syge i en tidlig alder og har tilbagevendende lidelser, kan man i de fleste tilfælde antage, at de ikke vil leve lige så længe som meget sunde hunde.

Men hvad kan du forvente af din Goldie? Husk på, at de sygdomme, der er nævnt her, også kan være milde. I bedste fald lærer du dem aldrig at kende "personligt", men det er altid godt at vide noget om dem. På denne måde kan du hurtigere vurdere, hvad det er, og træffe beslutninger, der kan hjælpe din firbenede ven meget hurtigt.

1. meget følsomme øjne

Dette problem forekommer hos de fleste racehunde, og derfor er Golden Retriever også ramt.

Oftest kæmper den store hund med grå stær eller retinopati. I de fleste tilfælde er linsen allerede overskyet i hvalpene, men det er ikke synligt. Det har intet at gøre med manglende interesse eller manglende interesse. Der er snarere tale om en omstændighed, der ikke kan ses af en lægmand. Den firbenede ven vil heller ikke vise nogen abnormiteter, der indikerer et besøg hos dyrlægen og denne undersøgelse.

Men fordi sygdommen ofte opdages for sent, kan den udvikle sig uhindret. I de fleste tilfælde opstår den først, når hunden allerede er fuldt udvokset.

Situationen er anderledes med retinal atrofi. Denne sygdom udvikler sig meget langsomt. Det er altid arveligt, og man kan næsten ikke gøre noget for at forhindre blindhed. Hunden skal vænne sig til det, trin for trin. Men du behøver ikke at bekymre dig for meget. Sygdommen udvikler sig virkelig meget langsomt. Som regel indtræder fuldstændig blindhed ikke før i en høj alder. Så den firbenede ven behøver ikke at forvente en tidlig alvorlig begrænsning.

Jeg er sikker på, at du er forvirret nu, men det behøver du ikke at være. Disse øjensygdomme forekommer hos Golden Retrievere, men det betyder ikke, at familiemedlemmer behøver at blive ramt.

Som du ved, spiller generne også en vigtig rolle. Hvis du er tryg og kender forældrene til din firbenede ven, kan du forhøre dig der. Hvis en øjensygdom, som den netop beskrevne, ikke er kendt der, så tag en dyb indånding. Det reducerer ikke risikoen til 0 %, men den er klart mindre.

2. epilepsi

Ligesom et menneske kan en Goldie også lide af epilepsi. Det lyder måske ikke særlig opmuntrende for dig i første omgang, men det behøver ikke at påvirke din hund.

Hvis din hund er ramt, stilles diagnosen mellem et og tre års alderen. Symptomerne er de samme som hos et menneske. Din hund vil lide af trækninger, der kulminerer i et anfald. Dette sker normalt i hvile eller endda når du sover. Det er ikke tilfældet, når man flytter. Det er også muligt, at din hund mister bevidstheden helt i et øjeblik, men at den så selv kommer til bevidsthed igen.

Et andet ledsagende symptom er pludselig vandladning. Når dyrets krop pludselig spændes op et øjeblik, påvirker det også blæren. Hvis din Goldie slapper af igen, er det også tilfældet med blæren. Det er heller ikke unormalt, hvis blæren tømmes i løbet af denne periode. Desværre kan din hund ikke kontrollere dette, ligesom epilepsi. Så hvis du bemærker et sådant anfald i hjemmet, kan det hjælpe at træffe hurtige forholdsregler med en pude.

Hvis du beslutter dig for at få en Goldie, og du har mistet dit hjerte, vil du naturligvis ikke kunne genkende sundhedstilstanden. Da de første symptomer ikke viser sig før tidligst efter et år, vil denne tilstand ikke kunne ses hos en hvalp. Vær sikker: Hvis dette problem virkelig opstår, er et besøg hos dyrlægen tilstrækkeligt. Dyrlægen vil være i stand til at stille en præcis diagnose, fordi ikke hvert enkelt anfald nødvendigvis er et tegn på epilepsi. Hvis det er tilfældet, kan specialisten dog give din hund medicin. Det kan kræve lidt tålmodighed, før det fungerer rigtig godt, men med tiden vil det rette niveau blive fundet.

Så er det også muligt for din firbenede ven at leve et helt normalt liv. Selvfølgelig vil der stadig være små anfald fra tid til anden, men det er ikke umuligt. Men der vil ikke længere være mange af dem, og det vil være mindre foruroligende og skræmmende for din firbenede ven, end det er for dig.

Bevar roen, og bliv hos din pelsede ven, indtil anfaldet er overstået. Der er ikke mere, du kan gøre, og han vil takke dig for det.

3. hofte- og albueledsdysplasi

Golden Retrieveren er en stor hund, og derfor er det ikke ualmindeligt, at den lider af hofteledsdysplasi. Dette er en fejludvikling af hofteleddet. Men albueledsdysplasi kan også forekomme, og som navnet antyder, er det en fejludvikling af albuen.

Symptomerne viser sig i form af bevægelsesbegrænsning i et af de to områder. Men også her kan man være lidt beroliget: Denne tilstand vil først vise sig i alderdommen. Den opstår på grund af størrelsen og bevægelsesmængden. Unge hunde rammes derfor meget sjældent af sygdommen. Det kan også sammenlignes med mennesker her. Ældre og store mennesker lider normalt oftere af ledproblemer end unge og små mennesker.

Det ville dog være vigtigt for dig at "spørge" hundens slægtninge. Hvis sådanne problemer har været hyppige, er der stor sandsynlighed for, at din hund også kan blive ramt senere. Her spiller dispositioner en stor rolle. Det er bestemt ikke altid let at foretage en sådan undersøgelse, men især når det drejer sig om avlsforeninger, er det ikke noget problem at foretage en undersøgelse. Her kan det dog samtidig antages, at sandsynligheden for arvelige sygdomme er lav. Opdrættere må normalt kun parre sunde hunde med hinanden, som ikke har genetiske problemer. Du er dog velkommen til at sikre dig og spørge.

Desuden kan du i et vist omfang modvirke disse sygdomme. Sørg for, at din hund ikke bliver overvægtig. Din dyrlæge vil fortælle dig ved det årlige besøg, hvis du bemærker en sådan ændring i vægt. Det er heller ikke nødvendigvis gavnligt at gå konstant op ad trapper. En sund hund har naturligvis ikke noget imod at gå et par trapper om dagen, men det bør holdes inden for rimelighedens grænser.

Så sørg for at give din hund en afbalanceret kost, og sørg for, at den ikke går op ad for mange trapper hver dag i mange år. Så kan du allerede nu forebygge meget.

4. mastcelletumorer

Disse tumorer kan også forekomme hos andre hunderacer, men der er vist en hyppigere diagnose hos Golden Retrievere sammenlignet med andre racer.

Det er tumorer, der dannes under hundens hud eller underhud. Som hos mennesker er der mulighed for, at de kan være godartede eller ondartede.

Reglen her er, at de skal opdages og behandles tidligt. Jo hurtigere behandlingen påbegyndes, jo bedre er det også for din hund. Selv en godartet tumor kan med tiden blive ondartet, hvis den ikke opdages.

I værste fald kan svulsten føre til døden, hvis diagnosen ikke stilles, og hvis væksten ikke begrænses.

Man skal dog huske på, at tumorer virkelig kan forekomme hos alle hunderacer, og ingen ved, om og hvornår det vil ramme en hund. Der er naturligvis også den mulighed, og det er mere sandsynligt, at en så drastisk diagnose aldrig bliver stillet.

Men hvis det sker, skal du bevare roen og stole på dyrlægen. Han vil forklare dig de næste skridt og vælge den bedste og mest effektive behandling for din firbenede ven.

Du skal dog ikke bekymre dig for meget, før du beslutter dig for at anskaffe dig en Goldie. Som allerede nævnt er muligheden for en så slem sygdom heldigvis meget lille.

Nu ved du allerede, hvilke sygdomme der kan forekomme hos en Golden Retriever. Det giver dig mulighed for at foretage en afvejning og træffe yderligere beslutninger.

En ting skal dog siges på dette tidspunkt: Det er sygdomme, der hyppigt forekommer hos en Goldie. Det er meget muligt, at der er noget andet, der generer ham. Det er sygdomme, der rammer alle hunderacer.

HUNDESYGDOMME I ALMINDELIGHED

I det følgende finder du sygdomme, som overvejende kan forekomme hos alle hunde. Dette er et udvalg af de mest almindelige klager. Det er også muligt, at din firbenede ven udvikler noget i løbet af sit liv, som du ikke kan finde her. Men som allerede nævnt er dette en sjældenhed.

1. anaplasmose

Denne sygdom overføres af flåter, og som du sikkert ved, er hunde meget modtagelige for de små dyr.

Her bliver de hvide blodlegemer beskadiget og ødelægges fuldstændigt med tiden. Denne sygdom forekommer i bølger. Når den ene bølge er overstået, kommer den næste efter to til tre uger.

Hertil kommer en stadig dårligere almen tilstand med feber.

Det bedste middel mod sygdommen er forebyggelse. Få råd om, hvordan du kan gøre dette. En tægekrave, tabletter eller såkaldte spot-ons, som dryppes på dyrets hals, er allerede gode. Disse produkter er ret effektive og reducerer sandsynligheden for et flåtbid. Hold dog øje med dyrene i din hunds pels.

2. babesiose (malaria hos hunde)

Denne sygdom er livstruende, fordi protozoerne med tiden ødelægger de røde blodlegemer fuldstændigt. Denne sygdom kan sammenlignes med malaria, som kun rammer mennesker.

Hos mennesker er det forskellige myg, der udløser sygdommen, men hos hunde er det igen flåter, der er ansvarlige.

Da denne sygdom er alt andet end let at behandle og er udmattende for din hund, bør du også her fokusere på forebyggelse. Du har allerede lært, hvordan dette er muligt i punkt 1.

3. borreliose

Du kender måske denne sygdom. Den kan også ramme hunde og forårsager de samme gener hos dem som hos os mennesker. Det er mærkbart ved ledlidelser, der opstår meget hurtigt.

Det er en bakteriesygdom, som kun kan behandles med et antibiotikum. For at undgå senfølger er det vigtigt, at antibiotikaet administreres meget hurtigt og i overensstemmelse med instruktionerne.

Den almindelige skovflåt er den skyldige og forårsager altid denne sygdom hos alle hunderacer. Her kan du tage de allerede kendte forholdsregler. I dag er det dog også muligt at få hunde vaccineret mod sygdommen. Hvis du ønsker det, kan du drøfte dette med din dyrlæge. Han vil kunne rådgive dig om fordelene.

4. dirofilariasis

Denne sygdom vil helt sikkert være mindre velkendt for dig igen. Eksperter taler ofte om hjerteormesygdomme. Som du måske har gættet, overføres den af en orm.

Den er 30 cm lang og sætter sig fast i dyrets lunger eller endda i hjertet. Dette kan forårsage hjertesvigt hos den firbenede ven, hvilket igen fører til lever- eller nyresvigt.

Ormen overføres af en myg. Forskellige arter kan komme i betragtning til dette formål. Hvis sygdommen ikke behandles korrekt, kan den uundgåeligt føre til døden som følge af hjerteproblemer.

Her er det igen vigtigt med profylakse med insektmiddel og forskellige lægemidler. Hvis du er i tvivl, skal du søge råd.

5. echinokokker

Det er bændelorme, der findes i tyndtarmen. Symptomer er meget sjældne, og når de forekommer, er de meget milde. Hunden er en af de sidste værter for denne sygdom og er derfor meget heldig.

Situationen er anderledes med mellemliggende værter. Ikke desto mindre er det vigtigt at "bortskaffe" ormene, når de har sat sig fast. Især små børn bør ikke komme i kontakt med dem.

For at holde sygdommen i skak bør der foretages regelmæssig aformning. Dette gøres nemt med en tablet, som du får af dyrlægen ved dit årlige besøg. Men bliv ikke overrasket, hvis der ikke findes nogen orm i afføringen. Behandlingen har stadig været en succes.

Men sørg for, at du virkelig husker at afgifte dit dyr hvert år.

6. ehrlichiose

Her er dyrets hvide blodlegemer påvirket. Hvis den ikke behandles, kan der opstå skader på organerne, som ikke længere kan behandles med medicin og behandlinger.

Bæreren er den brune hundeflåt, og som du allerede ved, hjælper de afprøvede og gennemprøvede forebyggelsesmidler som f.eks. flåthalsbånd også her.

7. hepatitis contagiosa canis

I de fleste tilfælde er denne sygdom alvorlig og dødelig. Behandlingen bør derfor iværksættes meget hurtigt.

Symptomerne kan være en hjælp her, men de er ret uspecifikke. Vær opmærksom, hvis din hund får kvalme med opkast. Gulsot udvikler sig også med tiden. Som lægmand er "kun" opkast og appetitløshed sikkert mærkbare. Hvis disse symptomer ikke forsvinder, er det bedre at besøge dyrlægen en gang mere end for lidt.

Undtagelsestilfælde med et mildt forløb er dog også mulige. I de fleste tilfælde er det dog virkelig nødvendigt med indlagt behandling.

For fuldstændighedens skyld skal det dog også nævnes, at rigtig mange dyr dør, før lægen kan give sygdommen et navn. Men det er ikke din skyld. Den er virkelig forræderisk og bliver hurtigt meget hård. Det skal du huske på, hvis det skulle ramme din hund.

Men hvis din firbenede ven er et af de dyr, der overlever denne hepatitis, skal du være forberedt på en lang helbredelsesproces. Kroppen er meget svækket, og det kan heller ikke udelukkes, at der med tiden vil opstå organskader, som ikke forsvinder, selv efter lang tids ventetid.

Alt dette lyder ikke særlig opløftende, vel? Lad din dyrlæge rådgive dig. I dag findes der vaccinationer, som kan beskytte mod denne sygdom og dermed fjerne disse bekymringer.

8. hepatozoonose

Mange af din hunds indre organer er påvirket af denne sygdom. I et alvorligt forløb kan der også forekomme dødsfald. Årsagen hertil er organskader forårsaget af det patogen, der forårsager sygdommen.

Bæreren af denne sygdom er den brune hundeflåt. Dyrets bid er dog ikke nødvendigvis den afgørende faktor. Infektionen opstår snarere, når din hund bider eller endda spiser flåten. Også her kan de sædvanlige midler mod flåter hjælpe, så din hund slet ikke får lyst til at spise denne flåt.

9. leishmanoise

Denne sygdom bør under alle omstændigheder tages meget alvorligt, for meget ofte kan hunden ikke længere hjælpes.

Den udløsende faktor er sandfluen eller sommerfuglemyggen. Den er mest aktiv om natten eller i skumringen. Den kraftige behåring adskiller den fra andre dyr af dens størrelse. Den manglende summen kan heller ikke nødvendigvis ses som en fordel.

Når myggen bider din hund, bliver den ikke syg med det samme. Tværtimod: Det tager ofte mange måneder eller endda år, før du bemærker de første tegn på en forandring. Der er alligevel ingen, der tænker på en myg af denne art her mere, hvilket kun gør det sværere at diagnosticere. I de fleste tilfælde er de vigtigste tegn en skaldet næseryg og ørekanter. Brilledannelsen omkring øjnene bliver tydelig, og de nævnte områder er dækket af store skæl. Hundens kløer vokser også mere end normalt, og hundepuderne og tæerne bliver ømme - usædvanlige træk, som gør en tur til dyrlægen uundgåelig.

Den eneste måde at forhindre, at din hund bliver smittet, er at beskytte den mod myggen. Der findes halsbånd og lignende, men vaccination er også en mulighed.

10. leptospirose

Sygdommen overføres via bakterier, der findes i urin fra mus og rotter.

Den største fare for smitte er gennem vandet. Her er der ofte mere gnaverurin end forventet. Hvis din hund drikker af et sådant vandområde, er det allerede nok.

Selv mennesker er ikke beskyttet mod denne sygdom.

Der findes ingen kraver eller lignende beskyttelsesanordninger. Kun en vaccination kan hjælpe, som også bekæmper mange patogener af denne type.

Denne sygdom er særlig farlig for hunde. Derfor er det normalt allerede en obligatorisk vaccination, hvis den ikke udtrykkeligt er blevet afvist.

11. parovirose

Det er en virussygdom, der er meget smitsom. Hvis hvalpe er ramt, kan de i de fleste tilfælde ikke længere hjælpes. Årsagen hertil er alvorlige opkastninger og blodig diarré. Når disse symptomer først er til stede, er behandling stadig mulig, men den er som regel mislykket.

Også her er der nu en vaccination, som allerede er obligatorisk, så ejerne ikke længere behøver at bekymre sig.

12. hundesyge

Det har du sikkert hørt om før. Denne virus minder meget om mæslinger og er desværre ofte dødelig. Hunde, der bærer denne sygdom, kan smitte andre gennem sekret.

Symptomerne kan være meget forskellige, hvilket gør det ikke altid let at stille en hurtig diagnose. Diarré og opkastninger er mulige, men også udledning af purulente sekreter fra næsen. Ofte sidder næsen sammen, og der er også hoste i det videre forløb af sygdommen. Du vil bemærke fejl i emaljen på din hunds tænder. Men der er også gode nyheder: Hvis din firbenede ven har overlevet sygdommen, vil han være immun resten af sit liv.

Behandlingen er vanskelig, og derfor er der også vaccination til forebyggelse her, som også betragtes som obligatorisk i dag.

13. rabies

Alle kender sikkert til rabies. Det er en virusinfektion. Sygdommen er meget farlig, og over 10.000 dyr rundt om i verden bliver stadig ofre for den hvert år.

Når man først er blevet syg, kan man ikke helbredes, og smitte sker gennem spyt.

Der har længe været en vaccination, og den er obligatorisk. Det er alligevel obligatorisk, når man rejser.

14. kennelhoste

Dette er en sygdom i luftvejene. Sygdommen forårsages af andre hunde. Ofte rammes dyr, der har været på internat eller bor på et krisecenter.

Bakterielle og virale patogener er årsagen til infektionen, og behandling er mulig. Det tager dog meget lang tid og indebærer brug af antibiotika. Hunden lider meget under sygdommen og har brug for et stykke tid til at genvinde sine kræfter.

Vaccination mod patogenet er mulig, men ofte er der behov for forskellige vaccinationer. Din dyrlæge kan rådgive dig og ved, hvad der hjælper.

Ligesom alle mennesker kan alle hunde også blive syge. Ved første øjekast ser de sygdomme, der er nævnt her, bestemt forfærdelige ud. Husk dog på, at de ikke forekommer ofte.

Det er vigtigt, at du har et overblik og ved, hvad du skal være opmærksom på hos din firbenede ven. Disse sygdomme kan forekomme hos alle hunderacer, så det er også muligt hos Golden Retriever.

Vær forsigtig, men ikke for forsigtig. Mange flåter og myg er heller ikke hjemmehørende overalt.

DEN RIGTIGE PLEJE

Alle hunde har brug for god pleje. Uden den klarer han sig ikke godt. Især en Golden Retriever er glad for den slags hengivenhed. Så er du meget tæt på ham, og han elsker alligevel din nærhed.

Ikke desto mindre kan det være, at han ikke bryder sig så meget om visse ting. Hvem kan lide at blive børstet eller badet? Men måske er det ikke nødvendigt med denne race.

Spørgsmål på spørgsmål. Du vil selvfølgelig gerne gøre alting rigtigt og være sikker på, at din hund har det virkelig godt. Det er ikke så svært. De følgende punkter viser dig, hvordan du kan gøre det, og hvordan den optimale pleje af din Goldie ser ud.

1. den rigtige kæmning

Det er vigtigt, at du kæmmer din Goldie regelmæssigt. Den lange pels har en tendens til hurtigt at blive mat, og når det først er sket, er klipning ofte det eneste, der hjælper, at klippe den. Men hverken du eller din hund vil være glade for dette.

Hvor ofte skal du bruge tid på pleje? Det ville være optimalt, hvis du tager dig tid til det en eller to gange om ugen. Det er vigtigt, at du ikke har travlt. Tag dig god tid til at rede din hunds pels for at sikre dig, at du får fat i alt sammenfiltret.

Men det er ikke det hele. Med en Golden Retriever er det en fordel at bruge mindst to kamme. Arbejd dig igennem alle lag af pelsen, som også kan variere i tykkelse. Vælg en grov kam til de tætte områder og ret fine kamme til de finere områder.

Som allerede nævnt er der virkelig brug for ro her. Det er ikke alle hunde, der kan lide kæmning, selv Goldies kan have forskellige holdninger. Men det finder du ret hurtigt ud af.

Enten vil din protegé løbe væk, eller også vil han lægge sig ved siden af dig og nyde den særlige kærtegn. I det store og hele er det dog ligegyldigt, hvordan han reagerer: Det er et must at pleje den mindst en gang om ugen, uanset om din Goldie kan lide det eller ej. Her er du nødt til at gøre dig gældende, ellers hjælper kun én ting: at skære den af! Det er bestemt ikke en mulighed, som din hund ville være glad for.

2. øjenkontrol

Som du allerede har oplevet, er især Goldies udsat for øjensygdomme. Andre hunde selvfølgelig også, men hos denne race er visse sygdomme mere betinget end hos andre. De nævnte sygdomme (f.eks. grå stær) er naturligvis genetisk betingede og kan ikke nødvendigvis forebygges.

Det er dog vigtigt, at du forebygger andre lidelser i synsområdet, så der ikke kan opstå yderligere skader. Se din hund i øjnene hver dag, og vær særlig opmærksom på inkrustationer. Du kan forsigtigt fjerne dem med en fugtig klud eller lidt vand. Det er normalt ikke andet end det, vi ville kalde "sovesand". Din hund vil dog ikke selv kunne fjerne den. Måske generer det ham ikke engang. Men hvis det forbliver i øjnene permanent og gentagne gange, kan der opstå betændelse, som igen kan fremskynde eller støtte andre sygdomme.

Der kan også forekomme anden tilsmudsning forårsaget af udendørs leg, og det kan føre til problemer, hvis det ikke undgås.

Du behøver selvfølgelig ikke at stå bag din hund hver time og kigge den ind i øjnene. Det er tilstrækkeligt, hvis du gør det om morgenen eller om aftenen. Find en rytme her, som I nemt kan integrere i jeres hverdag sammen.

Vær også opmærksom på, hvad der er godt for din hund, når du gør rent. Du må ikke behandle med dråber eller lignende midler, hvis du er usikker. I et sådant tilfælde er det altid bedre og tilrådeligt at konsultere en læge. Han kan fortælle dig præcist, om det kræver yderligere behandling, eller om du kan gøre noget anderledes, når du renser.

3. se ind i ørerne

Et dagligt kig ind i Golden Retrievers flæseører er mere end vigtigt. Hunde med slappe ører er alligevel altid mere modtagelige over for snavs og sygdomme.

Det er vigtigt, at du ved, at du ikke nødvendigvis skal rense dine ører hver dag. Men et kig bør man risikere. Tag din hund ved din side og kig kort ind i dens ører. Du skal bare løfte øret og tjekke, om der er noget, der ser mærkeligt ud.

Mange ejere bemærker en mærkelig lugt her fra tid til anden. Derefter er det tid til at fjerne ørevoks (eller andre urenheder). Men der er én ting, du aldrig må glemme: Nogle ejere ønsker at gøre alting mere end rigtigt og tror, at det, der er godt for et menneske, ikke kan være dårligt for en hund. Selv om du har disse tanker, må du ikke gribe efter ørestave eller andre skarpe rengøringsredskaber. Du ved ikke, hvornår din hund bevæger sig, og et ryk på det forkerte tidspunkt kan føre til skader, hvis konsekvenser ingen kan vurdere.

Prøv i stedet at fjerne snavset med en våd klud, idet du er så forsigtig som muligt. Mens du gør dette, skal du tale beroligende til din firbenede ven og holde ham blidt.

Ørerensning er bestemt ikke en behagelig ting, hverken for dig eller for din hund. Men det er stadig meget vigtigt og bør ikke udsættes. Hvis du ikke klarer det i et par dage, burde der ikke ske noget. Men så er det vigtigt at se på det igen.

Der samler sig ret hurtigt meget i hundens flossede ører. Hvis du venter for længe, kan der hurtigt opstå betændelse, som skal behandles af en læge.

Snavs, ørevoks eller lugt: Giv ikke disse urenheder en chance, og hjælp din guldfugl til at høre godt uden smerter.

4. mundkontrol

Det lyder måske mærkeligt, men hunde kan også få tandproblemer. Du har måske selv oplevet, hvordan det føles. Det er meget smertefuldt, og det er ikke muligt at spille og spise.

Hvilke muligheder har du? Det lyder utroligt, men der er ejere, der børster deres hunds tænder. Du må dog ikke bruge tandpasta fra den almindelige handel. Hvis du gerne vil prøve dette, kan du spørge din dyrlæge. Han kan give dig en anbefaling, fraråde dig det eller fraråde dig det og fortælle dig, hvilket produkt og hvilken børste du kan bruge til at støtte tandplejen.

Men hvis dette ikke er en mulighed for dig, behøver din hund ikke at undvære rene og velplejede tænder. Der findes i dag en lang række tyggepinde med samme virkning. Du finder ofte ord som "dental" eller "denta sticks" på emballagen. Tag et kig rundt i butikken. Du behøver heller ikke at gå til en dyrehandel for at få dette. For det meste er disse produkter allerede tilgængelige i alle discountbutikker.

Du behøver heller ikke at være bange for, at din hund ikke kan lide pindene, fordi de måske har en mærkelig smag. Én ting er sikkert: din hund vil elske dig, fordi den ikke vil smage noget af den plejende effekt. Med tiden vil han dog bemærke det, og ikke kun din hund, men også du kan nyde godt af sunde tænder.

Det er bedst at læse på emballagen, hvor ofte du skal bruge disse pinde. Dette varierer fra producent til producent.

Er du stadig ikke overbevist? Det er heller ikke noget problem, for der er en anden mulighed, som helt sikkert vil give dig mere overbevisning. Giv din firbenede ven regelmæssigt en knogle, uanset om det er en kød- eller bøffelskindsknogle. Disse har en lignende virkning. Dyrene gnaver på den hårde overflade og kan derved fjerne snavs og plak fra deres tænder. Din firbenede ven vil helt sikkert ikke sige nej til dette.

5. bekæmpelse af flåter, lopper og mider

Uanset om du har gået en tur eller ej, skal du dagligt tjekke din Golden Retrievers pels for flåter eller andre "beboere". Du har nu allerede hørt, hvilke sygdomme de kan udløse.

Men du skal ikke være alt for bekymret, hvis du finder et sådant dyr. Det betyder ikke, at din hund straks har fået en alvorlig sygdom. Sygdomme, der overføres af flåter og andre dyr, er mulige, men ikke reglen. Men hvis du bemærker ændringer hos din firbenede ven, ved du allerede, hvad du kan henvise til hos lægen. Men det er ikke reglen.

Men hvad er den bedste måde at undersøge pelsen på? Du kan simpelthen bruge dine fingre og søge i hundens krop stykke for stykke. Har du fundet noget? Så skal du se nøje efter. Oftest er flåterne ret store og kan forsigtigt drejes ud med fingrene. Sørg for, at du virkelig fanger alt, og at intet sidder fast i huden. Hvis det ikke lykkes med fingrene, kan du også bruge en pincet eller en tækketang. Du kan få sidstnævnte på ethvert apotek.

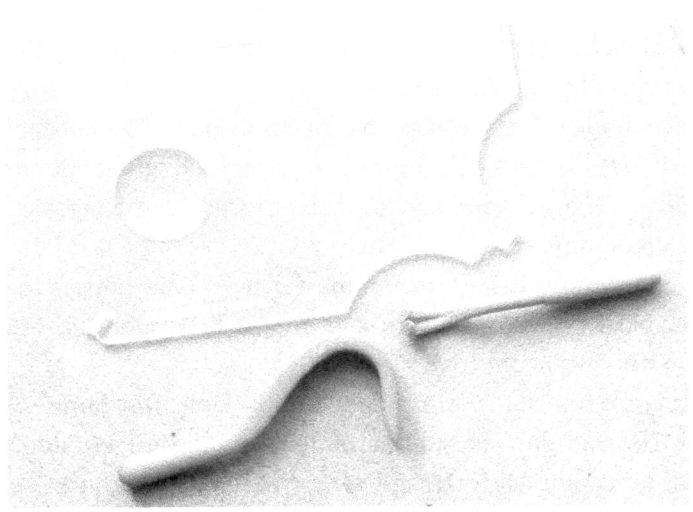

Vores tæppesæt, ©

Men hvis du ikke ønsker at søge med hænderne, kan du også bruge en kam. Der findes særlige kamme til dette formål. Du vil ikke nødvendigvis få succes med en normal kam. Spørg i dyrehandleren efter en loppekam. Det er meget fint og sikrer, at du virkelig finder alt. Du kan endda finde selv den mindste loppe med den, deraf navnet.

Du er velkommen til at afprøve det, du bedst kan lide. Men det er måske meget vigtigere, hvad din hund siger om det. Hvis han ikke kan lide den ene, kan den anden måske hjælpe ham. Det eneste vigtige er, at du ikke lader dig overbevise om, at du skal holde op med at lede efter lopper og flåter. Især efter en stor tur er det vigtigt at scanne pelsen.

Et lille tip: Hvis du faktisk har fundet en flåt og har kunnet fjerne den, skal du destruere den. Du må ikke bare smide den i græsset og glemme den. Bare fordi dyret har været i hunden i et stykke tid, betyder det ikke, at det ikke kan gøre det igen. Også selv om det ikke ser pænt ud: Du skal blot trampe den ned eller på anden måde transportere den væk. Under alle omstændigheder er det bedre end endnu et flåtbid, og din firbenede ven vil ikke tænke på at spise den lille krybdyr alligevel.

Desværre er mider meget almindelige hos hunde. De er klassificeret som edderkopper og ligger normalt på lur i græsset på enge og marker. Din firbenede ven vil fange dem alt for hurtigt, hvis han går gennem græsset.

Der findes forskellige typer af mider i Europa, f.eks. demodexmider, græsmider, rovmider, øremider, gravende mider og skælmider. Nogle af dem kan også overføres til mennesker og kan overføre sygdomme som f.eks. fnat.

Nogle symptomer er de samme for hver type mide, men der er også specifikke symptomer, som kan bruges til at identificere, hvilken type mide der er tale om.

Generelt kan der være meget kraftig kløe. Din hund vil kløe sig uafbrudt. Der kan dannes skæl på huden, og pelsen kan falde ud. Den konstante kradsning vil forårsage sår og eksem. Desuden kan de åbne områder føre til betændelse og yderligere infektioner.

Ved et angreb af øremider kan symptomerne også kun ses på ørerne.

En hurtig aftale med dyrlægen er nu uundgåelig, fordi nogle typer mider kan være meget smitsomme og kan også sprede sig til mennesker. Andre kæledyr bør også undersøges for angreb og behandles i overensstemmelse hermed.

Din dyrlæge vil give dig medicin for at mindske kløen. Han kan også anbefale en særlig shampoo eller et særligt pulver. Du skal derefter behandle din firbenede ven med dette i henhold til instruktionerne. Tænk også på hundens seng, for her kan mider også leve.

Hvis du har efterårsgræs mider i din have, skal du slå den oftere end normalt og bortskaffe græsafklippet. Lad kun din hund løbe rundt i græsset, når det er vådt. Så vil der ikke være så mange mider der.

Det er ikke let at forebygge mider, men hvis din hund har et sundt og stærkt immunsystem, er et angreb mindre risikabelt. Derfor skal du give din firbenede ven en god og afbalanceret kost og give ham tilstrækkelig motion. Tjek din hunds pels for parasitter efter hver gåtur. På den måde kan du reagere, før angrebet bliver mærkbart. Nogle gange anbefales det at vaske hunden efter hver gåtur, så eventuelle skadedyr skylles ud. Det er dog ikke særlig gavnligt for dit kæledyrs hud og pels. Men du bør rengøre halsbåndet eller selen grundigt med jævne mellemrum, og du bør også rengøre hundetæpperne fra kurven. Til grav- eller demodexmider kan du bruge fortyndet æblecidereddike. Pas dog på, at du ikke får denne blanding i hundens øjne eller på åbne sår. Det er også muligt at anvende kokosolie. For nogle midearter vil dette blokere åndehullerne, og de vil dø. Du skal dog altid rådføre dig med din dyrlæge, hvis du ønsker at bruge sådanne hjemmemidler. Det er ikke altid den rigtige måde og tilrådeligt.

Hvis du bemærker en usædvanlig rastløshed hos din firbenede ven og ser, at han ofte slikker eller gnasker på bestemte områder og klør sig meget, skal du undersøge hans pels for lopper. Det er sandsynligt, at det skyldes et loppeangreb. Lopper er meget små, kun ca. 4 mm, men de er alligevel lette at få øje på. De er som regel sorte, flade på siden og kan hoppe meget langt. For at opdage et loppeangreb med sikkerhed kan du tage en fin loppekam og køre den gennem din hunds pels. Hvis der er lopper til stede, vil du finde dem eller deres rester i form af små sorte krummer i kammen. Hvis du gnider disse sorte krummer i et fugtigt lommetørklæde, bliver de rødbrune. Dette er loppeekskrementer.

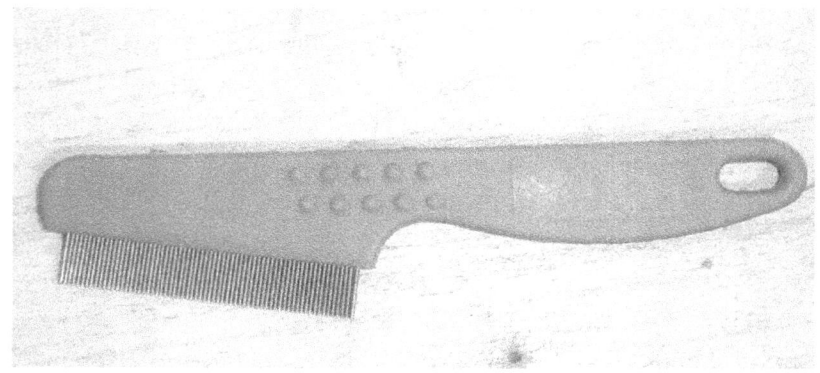

Vores loppekam som et nyttigt værktøj, ©

Nu skal du gøre noget hurtigt mod lopperne, for de vil ikke kun sætte sig fast i din firbenede vens pels, men også i hans kurv og alle de steder, hvor din hund opholder sig. Desuden kan det konstante kradseri og slikkeri forårsage infektioner på huden, og lopperne kan også overføre andre sygdomme. Det er f.eks. tænkeligt, at din firbenede ven kan få meningitis eller pletfeber af lopperne. Der kan også forekomme en allergisk reaktion på loppebid, som kan overføres af lopperne, hvilket man næsten aldrig tænker på. Alt dette er heller ikke ufarligt for mennesker. Derfor bør du altid foretage en ormekur i tilfælde af et loppeangreb.

Der findes forskellige loppebekæmpelsesmidler i butikkerne eller hos din dyrlæge. Du kan drøfte med din dyrlæge, hvilken der er den rigtige for din hund. Der findes pipetter, såkaldte spot-ons, hvis indhold dryppes ind i dyrets hals. Dette kan endda gøres profylaktisk for at forhindre, at hunden overhovedet får lopper. Sprays kan også være nyttige, men du skal sikre dig, at de kan bruges på ét dyr. Desuden findes der loppehalsbånd, der indeholder en aktiv ingrediens, som er dødelig for lopper. Hvis du foretrækker at prøve det uden kemikalier, kan du prøve silica eller diatoméjord. Dette meget fine pulver kan spredes på din hunds pels. Det kan også bruges til hundens strøelse, og dit kæledyr vil selv sprede dette pulver, hvor det end går. Det tager lidt længere tid at slippe af med loppeangreb, men det har en meget langvarig virkning. Det er vigtigt, at du ved enhver form for anvendelse af forskellige midler behandler alle husstandens dyr mod lopper. Ellers er der risiko for, at de hopper fra et dyr til et andet og dermed aldrig bliver helt udryddet.

Desværre gør loppen ingen forskel på, om den vælger en voksen hund eller en hvalp som vært. Hos hvalpe skal loppemedicin dog anvendes med forsigtighed, fordi immunsystemet endnu ikke er fuldt udviklet. Sørg for at tale med din dyrlæge om, hvilken medicin mod flåt du kan bruge uden at skade din lille skat.

Der findes også forskellige sprays til hundens omgivelser, men loppeæg og -larver bliver ikke altid dræbt. De findes normalt i sprækker og mørke hjørner i dit hjem. Derfor bør du nu gribe til støvsugeren hver dag. Det gør det nemmere for larverne at klække, og du kan bekæmpe dem med medicin mod flåtangreb. Hvis dit hjem er for hårdt ramt, kan du bruge såkaldte "foggers". Du vil dog ikke kunne komme ind i dit hjem i flere timer og skal rengøre alle møbler omhyggeligt. Det er en meget besværlig metode, men nogle hundeejere sværger til den.

Nu undrer du dig sikkert over, hvor din hund overhovedet har fået lopper. Det sker hurtigt, når du er ude med din firbenede ven. De små skadedyr ligger på lur i græsset eller i pelsen fra andre hunde, som din hund har leget med. Loppernes pupper og larver kan endda overleve i flere måneder uden mad og ender i sidste ende i din firbenede vens pels. Og så skal man tænke på, at en loppe kan springe over en halv meter. Desværre er vores vintre ikke længere bittert kolde nok til at dræbe en loppepopulation, og når der først er nogle lopper i hjemmet, er det særligt nemt for dem at formere sig hurtigt. En hun kan producere mange hundrede æg i løbet af få uger, som til sidst falder af hunden og spredes i hele lejligheden. Det er derfor, det er så vigtigt at kontrollere dem inden for dine egne fire vægge. Loppelarverne klækkes fra æggene efter kort tid. De findes især i mørke sprækker eller i tøj og tekstiler samt i tæpper. Larverne er meget robuste og vanskelige at fjerne. I den næste cyklus forpupper larven sig og kan overleve i mange uger og måneder. Selv kemikalier påvirker næppe puppen. Nu kommer den voksne loppe frem og er klar til at lægge nye æg. Det er meget vanskeligt at bekæmpe et reelt loppeangreb. Gør derfor dig selv en tjeneste og tjek din hund regelmæssigt for parasitter.

6. ernæring og motion

Det er vigtigt, at du er opmærksom på din firbenede vens kost hver dag. Golden Retrievere er normalt hunde, der spiser meget og gerne spiser, når de får lov. Så hvis han kigger på dig med store øjne efter morgenmaden og beder om mere, skal du ikke give efter. Han vil være mæt, selv om han ikke er klar over det i øjeblikket. Det er ligesom med mennesker: Hvis vi spiser hurtigt og ikke tænker videre over det, vil vi stadig være sultne efter måltidet. Først senere oplever vi det, vi kalder en mæthedsfornemmelse. Det er ikke anderledes med din firbenede ven.

Derfor er det vigtigt, at du holder dig til de bestemte mængder mad. Du kan selvfølgelig også give en godbid ind imellem som belønning, men også her er mængden vigtig. Du må ikke give for meget, da belønningseffekten ellers hurtigt vil forsvinde.

Det er også vigtigt med tilstrækkelig motion. En hund, der spiser godt, har også brug for motion. Dette er især vigtigt for Goldie, da han alligevel har jagtinstinktet i sig. Hvis han bor sammen med dig i en lejlighed, skal du tage ham med ud mindst to eller tre gange om dagen. Det vil han elske.

Hvis han har plads nok og et stort stykke jord, burde det være nok en gang om dagen, men han vil heller ikke sige nej, hvis du tager ham med til en anden runde. Find ud af, hvad der er nok, og træn ham så meget, som du kan. Hvis det af visse årsager ikke er muligt, kan du også lave en stor lege-runde med ham hver dag. Det er bestemt ikke let indendørs, men på en ejendom er det ikke noget problem. Det eneste vigtige er, at han får noget motion. Så vil din Goldie have det rigtig godt.

Kort sagt er en balance mellem motion og en sund kost det bedste for din Golden Retriever. Denne race har en tendens til at blive hurtigere overvægtig end andre hunde. Hvis der er noget, der kan mærkes her, vil din dyrlæge fortælle dig det. Senest da skal der gøres noget.

7. kontrol af poterne

Det kan virke overflødigt for nogle ejere, men det er vigtigt at kontrollere poterne dagligt, især om vinteren.

Hvis du går meget med din hund, kan det i den kolde årstid ske, at der samler sig rester af vejsalt under poterne og på kløerne. Med tiden kan det gøre ondt og føre til mindre skader. Efter gåturen skal du foretage en kontrol og om nødvendigt rengøre puderne omhyggeligt.

Hvis du ønsker det, kan du også regelmæssigt smøre din firbenede vens poter med creme. Sæsonen spiller kun en mindre rolle her. Om vinteren vil det være godt for ham på grund af saltet. Om sommeren vil han helt sikkert gå meget på varme overflader. Så er det helt sikkert en velsignelse, hvis hans poter kortvarigt bliver flødeskummet.

Brug en mild creme uden en masse tilsætningsstoffer og parfume. Hvis du ikke har sådan noget i huset, kan du også spørge dyrlægen ved dit næste besøg. Du kan også sagtens få rådgivning i dyrehandlen. Tiden er ikke afgørende.

Det er vigtigere, at du kontrollerer poter og kløer dagligt, så der ikke opstår betændelse der på grund af forskellige overflader.

Under trimningen skal du også tjekke din hunds poter. Kontroller, om fremmedlegemer og/eller snavs har sat sig fast, da det kan give din firbenede ven smerter.

Sørg for, at podepuderne er glatte og bløde. Hvis de viser revner eller efterlader et tørt aftryk, skal du behandle poterne med vaseline, malkefedt eller en særlig creme.

Hvis din firbenede ven har ekstremt langt hår på poterne, kan det være fornuftigt at trimme pelsen her. Dette mindsker risikoen for, at fremmedlegemer sætter sig fast. Du kan også finde og fjerne dem hurtigere.

Det kan blive nødvendigt at klippe din Golden Retrievers kløer, hvis de ikke slides naturligt. Du skal være meget forsigtig her, fordi en hunds kløer har blodgennemstrømning. Hvis du skærer for meget af, vil det medføre blødning og smerte. Hvis du ikke føler dig sikker på at klippe kløerne, skal du kontakte din dyrlæge. Det er især vigtigt at pleje poterne om vinteren og ved meget varme temperaturer om sommeren, fordi hundens poter er meget belastede i disse perioder. Der er dog nogle få ting, du altid kan gøre for at passe på din hunds poter. Hold pelsen på poterne kort nok til, at der ikke kan dannes sammenfiltre. Splinter, små sten eller endda mider kan samle sig i dem og forårsage smerte hos hunden. Der findes særlige pelsklippere med en afrundet spids, så du ikke ved et uheld stikker hunden. Fodpuderne kan også have brug for særlig pleje, hvis din hund har tendens til tørre puder. I dette tilfælde kan der dannes små revner, som kan forårsage smerte og betændelse. Massér dagligt en fedtet potebalsam ind i bollerne. Dette danner en beskyttende film, der forhindrer, at puderne går i stykker. Ved ekstreme temperaturer, hvad enten det er varmt eller koldt, kan det være nyttigt at give hunden sko på. Mange hunde skal først vænne sig til dette, men sådanne sko kan være en vigtig beskyttelse for poterne.

En ordentlig kontrol af poterne bør helt sikkert være en del af plejerutinen. Kig efter små skader og revner samt eventuelle fremmedlegemer og snavs, der kan sætte sig fast mellem tæerne. Rengør poterne regelmæssigt med lunkent vand. Dette vil løsne fremmedlegemer, der kan ophobes ubemærket i mellemrummene mellem poterne.

8. kløer

Lad os nu tage et hurtigt kig på kløerne igen. Det drejer sig ikke kun om skader. Mange ejere er ikke særlig opmærksomme på dette område, og det er måske ikke så overraskende. Den generelle opfattelse er, at hundens kløer forkorter sig selv. Han er meget ude og går meget, også på hårdt underlag, så det burde ikke være et problem. Men det er ikke altid tilfældet.

Du kan være heldig, men det kan ikke skade at kontrollere det regelmæssigt. Hvis du føler, at kløerne er for lange eller indgroede, kan du afkorte dem. Det eneste problem er, om din hund vil holde sig stille under denne procedure. Hvis du ikke har tillid til at gøre dette, kan du spørge dyrlægen. Han kan vise dig det, og næste gang vil du helt sikkert være i stand til at gøre det på egen hånd.

Glem heller ikke ulvekloen!

8.1 Afskårne kløer

Det bedste tidspunkt at trimme kløerne er enten efter en gåtur eller efter leg. Så er din hund træt, og den vil tage denne procedure mere roligt.

Det er lige så vigtigt at trimme hundekløer som at trimme fingernegle. Kløerne vokser hele tiden ud igen og vil til sidst blive for lange, hvis de ikke slides tilstrækkeligt ned gennem motion.

Hos nogle hunde sker nedslidningen af kløerne automatisk, mens det ikke sker hos andre hunde. Store og tunge hunde har færre problemer med lange kløer end små og lette hunde. Kløernes hårdhed er også afgørende for, om de kan slides godt eller ej.

Den korrekte længde af kløerne er dog vigtig for sunde ben. Hvis de er for lange, presses fodballen opad, og knoglerne og ledbåndene kan blive skævt placeret. Der er også en risiko for, at din hund river kløerne af eller knækker dem af. Dette kan føre til betydelige smerter. Den korrekte længde på kløerne gør det muligt for din hunds pote at rulle godt, og den kan derefter gå meget bedre. Og sidst men ikke mindst lider dit gulv mindre, når din hund har flotte kløer.

Men hvordan kan du se, om Fiffis kløer er for lange? De skal være ca. to millimeter fra gulvet. Dette er svært at måle ... tag et stykke papir og prøv at føre det ind under poten til din firbenede vens kugle. Hvis det ikke lykkes, er kløerne for lange og skal afkortes.

Nu skal du være lidt dygtig, hvis du selv vil klippe din hunds kløer. Du må under ingen omstændigheder klippe for meget af, da det vil forårsage blødning, og dit kæledyr vil få smerter.

Der er blodkar i kløerne. Hvis kløerne er lyse, skal du holde en lommelygte mod dem, så kan du se dem tydeligt. Kun den del af kløen, der ikke er blodtilført, må afskæres.

Hvis kløerne er mørke, er din eneste mulighed at føle dig langsomt fremad med en negleklipper. Skær altid små stykker af kløen af, indtil du finder en lille sort plet. Så har du nået blodkarret og skal stoppe. Du kan måske se blodkarrene i den mørke klo med lampen på din mobiltelefon. En sådan lampe lyser meget klart. Hvis du har udført denne procedure oftere, vil du med tiden få en fornemmelse for den og automatisk vide, hvor langt du kan afkorte kløerne.

Husk også ulvekløerne på din hunds bagben. Ulvekloen er den femte tå og er normalt ikke i kontakt med jorden. Den kan vokse ind i huden, hvis den ikke trimmes regelmæssigt. Der er også en risiko for at få snask.

Lad os nu komme i gang med at trimme kløerne. Først og fremmest skal du samle alle de redskaber, du har brug for til dette. Først og fremmest naturligvis en klosaks og, hvis der skulle ske et uheld, en sæbe eller en blødningsstop til hunde samt en speciel hundesok, hvis det skulle ske. Du kan købe en passende blødningsstopper i en specialforretning eller hos din dyrlæge samt på internettet hos "big A".

Det er nemmest at klippe kløerne, når dit firbenet ligger ned. Hvis han har en stabil tillid til dig, vil han være rolig og afslappet. Hvis du selv er ophidset, fordi du klipper kløerne for første gang, vil din hund også være urolig.

Hold nu hans pote fast i din hånd. Det er bedst at belyse dit arbejdsmiljø, så du kan se godt. Se også gennem kløerne på din firbenede ven for at se blodkarrene. Du er også velkommen til at bruge en lup eller en bordlup, så du kan se alting endnu bedre.

Hvis din hund vil trække poten væk, skal du holde den fast. Skær kløen vinkelret på vækstretningen og kun et lille stykke ad gangen, så blodkarrene indeni forbliver intakte. Din kløvetrimmer har sandsynligvis en afstandsstykke, men stol ikke udelukkende på dette, men se altid selv efter.

Når din skat roligt har gennemgået hele proceduren, skal du rose ham meget og forkæle ham med hans yndlingsgodbidder. Selv med den bedste praksis kan det naturligvis ske, at du skærer for langt. Det er derfor, du har en "nødpakke" klar. For når det først er sket, og kløen bløder, skal man handle hurtigt.

Sæt den blødende klo i det bløde stykke sæbe. Blødningen bør nu hurtigt stoppe, og sæben danner et beskyttende lag. Træk nu hundesokken over poten, så sæben klæber fast til den. Du kan selvfølgelig også bruge den nævnte blødningsstop i stedet for sæbe. Din firbenede ven kan nu gå rundt med denne sok i ca. en uge for at beskytte den skadede klo, så der ikke opstår betændelse. Du skal naturligvis kontrollere poternes tilstand flere gange om dagen. Hvis du er usikker, bør du besøge en dyrlæge med din hund. Det er bestemt ikke let for amatører at skære kløer. Det kræver øvelse og følsomhed. Hvis du ikke er sikker på, at du kan gøre det selv, kan du bede din dyrlæge om hjælp. Under rutineundersøgelser kan han eller hun også overtage klipningen af kløerne. Måske kan han vise dig det og lære dig det, så du er forberedt til næste gang.

9. kun bader sjældent

Hvad synes du om at bade hunden? Der er meget forskellige holdninger her. Der er hundeejere, der lægger stor vægt på at bade deres dyr. Ubehagelige lugte forsvinder, og dyret har det bedre.

Desværre er det ikke helt sådan. En hund er en hund, og den har en lugt, som den plejer at have en lugt. Det betyder, at det er meningsløst at bade den for at få den til at dufte bedre senere. Ellers vil det ikke vare længe, før han lugter som en hund igen. Det er helt normalt.

For firbenede venner med længere pels, som f.eks. Goldie, kan det være fornuftigt at bade dem en gang om året. Hvis du gerne vil gøre dette oftere, skal du kun bruge klart vand. Det er i hvert fald sjovere end at sæbe ham ind i shampoo igen og igen.

Du bør være særlig opmærksom her. Du må ikke bruge almindelig shampoo. I dag findes der et stort udvalg af hundeshampoo, som virkelig er tilpasset dyrets behov. Du kan helt sikkert finde et svar på dette i dyrehandlen. Hvis din firbenede ven har hudproblemer, skal du spørge din dyrlæge, om det overhovedet giver mening, og i så fald hvilket produkt du skal bruge.

Følgende gælder derfor for dig som hundeejer: Bad kun din hund, hvis du er nødt til det, og tal altid med en professionel, hvis du har problemer. Et skumbad til bekæmpelse af lugt giver ingen mening og bør overvejes nøje. Det synes at være ret tidskrævende at pleje en Golden Retriever. Men det er ikke tilfældet. Med lidt øvelse bliver det let for dig, og det tager kun et par minutter at få det hele gjort. Visse ting behøver heller ikke at blive gjort hver dag, f.eks. at bade. Du vil også udvikle en rutine for at kontrollere kløerne med tiden, hvilket kan vise dig, at du ikke behøver at kontrollere dem hver dag.

Det er vigtigt, at du på dette tidspunkt passer din firbenede ven samvittighedsfuldt, men du må heller ikke overdrive det. Det er nok, hvis du tager et par minutter om dagen. Din Goldie vil heller ikke bryde sig om alt for meget, for han er trods alt en hund og lægger bestemt ikke så stor vægt på et godt udseende, som vi gerne vil have det. Det kræver et godt samspil fra begge sider, og det er bestemt ikke noget problem: for dig og din hund!

10. Sygesikring

Selvfølgelig vil forsikringsselskaberne gerne tjene penge. Derfor betaler du normalt mere i forsikringspræmier, fordelt over hele hundens levetid, end dyrlægen ville koste dig. Men du bør ikke træffe beslutningen så let.

Medmindre du har en kredit, der giver dig mulighed for at dække selv en meget høj dyrlægeregning til enhver tid, spiller tidsfaktoren en rolle. En dyrlægesygeforsikring dækker alle omkostninger allerede efter få måneder. Rådet om at spare et beløb op, der svarer til præmien hver måned, nytter ikke noget, hvis din hund kommer ud for en alvorlig ulykke i en ung alder. Ingen dyrehospitaler vil acceptere, at du betaler for behandlingen i små rater over 10 år.

Desuden kan du være uheldig, at din hund bliver syg, og at der er behov for mange dyre behandlinger. I disse tilfælde er forsikringen mange gange billigere. Men se nærmere på satserne.

Først og fremmest skelnes der mellem en omfattende sygesikring, en forsikring mod operationsudgifter og en ulykkesforsikring.

En omfattende sundhedsforsikring dækker alle nødvendige dyrlægeudgifter, men normalt kun en del af udgifterne til vaccinationer. Nogle selskaber dækker ikke rene undersøgelser, f.eks. med henblik på et sundhedscertifikat.

Taksterne er relativt dyre. Der er normalt en aldersgrænse, når du tegner forsikringen. I nogle tilfælde er der øvre grænser for ydelserne, eller der er aftalt en selvrisiko pr. år eller pr. diagnose. Som regel er forsikringsdækningen afhængig af, at din hund får visse vaccinationer. Desuden udbetales de fulde ydelser normalt først efter en ventetid. Behandlinger, der bliver nødvendige på grund af en ulykke, som er sket efter kontraktens indgåelse, dækkes normalt straks af selskabet.

Kirurgiske forsikringer er betydeligt billigere, men ofte er det kun de rent kirurgiske omkostninger, der er dækket. Nogle takster dækker også udgifterne til forundersøgelser og opfølgende undersøgelser samt medicin. Der er også mulighed for venteperioder og ydelseslofter. Det er dog ofte muligt at tegne en forsikring for ældre dyr.

Med en **ulykkesforsikring** dækker forsikringsselskaberne kun de behandlingsudgifter, der bliver nødvendige som følge af en ulykke. Satserne er meget gunstige, der er ingen ventetid og ingen aldersgrænse.

Opmærksomhed: I henhold til den generelle takst for dyrlæger (GOT) kan lægen opkræve op til tre gange basisværdien af en ydelse. Ofte dækker selskaberne kun den enkelte sats. Derfor kan det være, at du selv med en fuld forsikring kun får refunderet en del af lægens regning.

Hvad	Omkostninger / år
Hundeskat	100 - 150 euro
Ansvarsforsikring for hundeejere	50 - 100 euro
Dyresundhedsforsikring	120 - 300 euro
Bidrag til hundeklubben	50 - 100 euro
Chuck	1.200 - 2.000 euro
I alt	**1.520 - 2.650 euro**

11. tips til anskaffelse

✓ Tag kontakt til den relevante hundeklub. Disse klubber kan give dig navnene på velrenommerede opdrættere og kan nogle gange også formidle voksne dyr.

✓ Kig på opdrætternes hjemmeside. De beskriver normalt også deres avlsmål. Kontakt kun opdrættere i dit område, hvis holdning til racen passer til dine idéer.

✓ Husk, at efterspørgslen efter hvalpe overstiger udbuddet. Du ansøger om et af opdrætterens dyr. Han vil kun give den væk, hvis han stoler på dig.

✓ Bliv mistænksom, hvis opdrætteren sælger hundene "som et stykke smør". Han bør være interesseret i at vide, hvordan hunden vil leve sammen med dig.

✓ Gode opdrættere giver dig mulighed for at besøge hvalpene og giver dig også mulighed for at se moderen. Hundefamilien skal integreres i opdrætterens familie.

✓ Besøg aldrig mere end én opdrætter på samme dag, da du kan sprede sygdomme fra den ene kennel til den anden.

✓ Du må ikke invadere opdrætteren med hele familien eller endda medbringe kæledyr. Det medfører stress, som skader tæven og hvalpene.

✓ Insistere på papirer, der er forsynet med et kvalitetsstempel fra VDH (International Dachverband) eller SV e.V.. De gives kun til hunde fra opdrættere, der nøje overholder de regler, der er fastsat af hensyn til dyrenes velfærd.

✓ Når du køber en voksen hund, skal du tjekke med sælgers naboer. Det er et dårligt tegn, hvis naboerne er glade, når hunden forsvinder. Du må ikke købe, hvis du får at vide, at hunden sandsynligvis har bidt dig.

✓ Insister altid på at få papirer, også når du køber et voksent dyr. Kontroller, at hundens chip har det samme nummer som det, der står i papirerne. Enhver, der lovligt ejer en golden retriever, har i det mindste en vaccinationsbog.

DEN RIGTIGE KOST

Det er ikke altid lige nemt at finde præcis det, der er bedst for din Golden Retriever. Men du kan være sikker på: Det er det samme for andre ejere af andre hunderacer.

De spekulerer alle på, om det er for meget eller for lidt. Får hunden nok næringsstoffer eller ej? Du stiller sikkert også dig selv alle disse spørgsmål, men du vil få svaret på dem om lidt. Samtidig bør du altid være opmærksom på, hvordan din hund har det. Hvis han er usædvanligt sløv og tager på i vægt, bør du arbejde på at ændre hans kost. Hvis han derimod taber sig, kan du give ham mere, ændre hans mad eller lede efter andre årsager.

Alt sammen ikke så let! Derfor kan det allerede nu være en stor hjælp, hvis du ved præcis, at din fodring er korrekt. En god tilgang er alt og hjælper meget.

Golden Retrievere er, som du sikkert allerede ved, store hunde. Det er dog vigtigt, at hvalpene ikke får for meget energi. Ellers vokser de for hurtigt, hvilket igen kan have en negativ indvirkning på deres knogler. Den endelige vægt, som er genetisk bestemt, kan også nås for hurtigt. Overvægt er resultatet, og hundens skelet kan blive beskadiget.

Det er derfor vigtigt, at hvalpe får et tilstrækkeligt indtag af energi i kombination med mineraler, fosfor og tilstrækkeligt med calcium. Desuden bør du altid være opmærksom på tilstrækkelige sporstoffer og vitaminer - alt er tilstrækkeligt og afbalanceret.

For den korrekte mængde foder skal du tage udgangspunkt i hvalpens vægt, og hvad der forventes at blive opnået. Det kan være nyttigt at kende forældrene i den forbindelse. Det er dog også vigtigt altid at vurdere aktivitetsniveauet præcist, dvs. at en hund med meget motion har brug for mere end et dyr med relativt lidt motion.

Spiseadfærd og fordøjelsessystem

Du kan fodre din hund enten én gang om dagen i form af et stort måltid eller flere små måltider. Nogle hunde har en tendens til at sluge deres mad meget hurtigt. Selv om det ligger i deres natur, kan det være problematisk. I sådanne tilfælde findes der særlige skåle med små knopper indbygget i dem, som kan forhindre, at de sluger. Hvis du har flere hunde, er det meget vigtigt, at hver hund har sin egen mad- og vandskål. Hundene skal kunne spise uforstyrret. Dette er ikke muligt, hvis flere hunde konkurrerer om en skål. Desuden kan der opstå madmisundelse.

Tørfoder eller vådfoder?

Som det ofte er tilfældet, er der fordele og ulemper ved både tør- og vådfoder, der taler for eller imod at fodre med dem. Grundlæggende indeholder begge typer foder, hvis de er deklareret som fuldfoder, alle de nødvendige næringsstoffer, vitaminer og mineraler, som en hund har brug for. Der er dog forskelle i kvaliteten af de enkelte ingredienser og de anvendte fødevarer samt i tilgængeligheden af næringsstoffer og tolerance. I sidste ende skal du selv bestemme, hvilken fodringsmetode du synes er bedst.

Du kan uden tøven give din hund alt kommercielt tilgængeligt færdigfoder, uanset om det er tør- eller vådfoder, til din hund. I Tyskland er der en meget streng kontrol med produktionen af foder til kæledyr. Der må kun anvendes ingredienser og bestanddele, som ikke skader dyret, men holder det sundt. Selv om du læser om slagteriaffald i foderet, er det på ingen måde usundt for din hund, for det er altid kød, som også er egnet til menneskeføde. Det er bare produkter, som ikke længere bruges i køkkenet, men som engang var almindelige i kosten. Så hvis du ikke selv vil eller kan tilberede din hunds måltider, skal du ikke være bange for at bruge færdigt foder fra butikkerne.

De fleste hunde tåler tørfoder ret godt, da de normalt optager nok vand. Andelen af kulhydrater er dog ret høj. Af produktionsmæssige årsager består 30 % af fødevarerne af stivelse. Hunde fordøjer også kulhydrater. Det er derfor en fantastisk energikilde. Der er fare for, at hunde, der får meget tørfoder, bliver fede uden at være mætte.

Da foderet ikke lugter, selv om det ligger i skålen i flere dage, har mange hundeejere tendens til at lade tørfoderet ligge i skålen hele tiden. Så snart den er tom, fylder de den op. Desværre spiser mange hunde, indtil der ikke er noget tilbage i deres maver, hvilket er en arv fra ulven. Ulven var nødt til at handle på denne måde, fordi den ikke vidste, hvornår den ville slå et nyt bytte. Det er derfor ikke tilrådeligt at give en hund konstant adgang til mad. Det kødfulde udseende er vildledende. Tørret mad er ikke tørret kød, men et wienerbrød, der normalt fremstilles ved ekstrudering. En maskine presser en dej ind i en form ved hjælp af højt tryk og damp. Varmen nedbryder kulhydraterne og gør dem lettere at fordøje. Resultatet er krokketter, som nok ingen hund ville røre. Kun en belægning af fedt, vitaminer og protein gør dem interessante for de fleste hunde.

Sammensætning af tørret foder (eksempel)

	Billigt foder	Særligt foder
Sammensætning	Korn Kød og animalske biprodukter Vegetabilske biprodukter Olier og fedtstoffer Grøntsager Mineraler	Ris Tørret kylling Gulerødder Kyllingefedt Hele æg Rapsolie Inulin Linolie Gær
Protein	19%	24,6 %
Fedt	7,5 %	14 %
Råaske	7,5 %	5,6 %
Råfibre	3 %	1,3 %

Foderet af høj kvalitet indeholder betydeligt mere protein og fedt. Desuden ved du, hvilket korn og hvilket kød der er i den. Der er ingen animalske og vegetabilske biprodukter i specialfoderet.

Så hvis du ønsker at fodre med tørfoder, skal du følge doseringen nøjagtigt og vælge et produkt af høj kvalitet.

Hjemmelavet mad

Alt det, som din hund virkelig må spise, kan du selvfølgelig selv tilberede og tilberede. Sørg for, at du ikke krydrer måltiderne til din firbenede ven for meget, helst slet ikke. Visse krydderier er skadelige for din hunds sundhed, og også her gælder følgende: informer dig godt om ingredienserne i hvert foder, så din elskede ikke lider af underernæring. Din dyrlæge vil kunne give dig råd og støtte.

Tørfoder eller vådfoder?

Du kan uden tøven bruge almindeligt tør- eller vådfoder fra butikkerne. De fleste hundeejere vælger denne type foder, fordi det er nemmest. Hvis du vælger tørfoder, skal du altid have frisk vand til rådighed, så din hund kan optage nok væde. Tørfoder har den fordel, at din firbenede ven skal bruge sine tænder, og at der således sker en naturlig forebyggelse af karies.

Dette er ikke tilfældet med vådfoder, da foderstykkerne er meget bløde. Her bør du sørge for yderligere tyggeben. Sørg for, at vådfoderet har et højt kødindhold.

Fordele og ulemper ved tørfoder:

Tørfoder er populært, primært fordi det simpelthen er mere praktisk for hundeejeren. Den har en længere holdbarhed og er nem at transportere. Grunden til dette er det meget lave vandindhold. Desuden er tørfoder let at dosere og veje og kan endda fodres i såkaldte foderautomater, der automatisk udleverer den indstillede mængde foder til hunden hver dag.

Den kræver også meget mindre plads til opbevaring, hvilket gør den særlig populær i små husstande. Derfor er der også mindre emballageaffald. Og glem ikke, at tørfoder normalt er billigere end vådfoder. En anden fordel er, at tørfoder giver mindre rod omkring skålen, selv hvis hunden kan lide at spilde. Lugten af tørfoder er også meget mere diskret. For at gøre foderet velsmagende for hunden er nogle producenter dog afhængige af at tilsætte smagsforstærkere for at gøre foderet velsmagende for hunden. Som du måske har bemærket, vedrører fordelene ved vådfoder mere hundens ejer end hundens fordele.

Ulemperne er på den anden side snarere på bekostning af hunden. På grund af det meget lave vandindhold skal du absolut sørge for, at din hund får nok vand ind, da der ellers er risiko for dehydrering. Dette er meget vigtigt, da der ellers er risiko for at udvikle blæresten eller nyreproblemer. Desuden er tørfoder sværere at fordøje og kan endda forårsage allergi. Den lange holdbarhed skyldes ikke kun det lave vandindhold, men også det høje indhold af konserveringsmidler. Konserveringsmidler er ikke særlig sunde for mennesker eller hunde og bør så vidt muligt undgås ved fodring. Et andet problem er, at tørfoder ofte indeholder for lidt kød, og at der i stedet anvendes kornprodukter som fyldstoffer.

Fordele tørfoder

- ✓ Den mængde, der først er fastsat og fundet god, vil forblive konstant, så længe du opretholder din hunds rutine, f.eks. intensiteten af motion.
- ✓ Det er ukompliceret: Køb, fodre, færdig. Det er normalt ikke nødvendigt at tilsætte vitaminer og andre kosttilskud.
- ✓ Transport og opbevaring er meget let, selv på ferien.
- ✓ Du kan også give foderrationen på farten eller under sport, når hunden skal træne sin mad.
- ✓ Den har en lang holdbarhed.
- ✓ Hunde med følsomme maver er beskyttet af de mindre, men næringsrige portioner.

Ulemper tørfoder

× Sammensætningen af kød og fyldstoffer som f.eks. korn er forskellig for hver sort.

× Sammensætningen kan ikke kontrolleres i sig selv.

× Det er svært for dig at reagere på din hunds individuelle sundhedstilstand, f.eks. hvis den har diarré.

× Mange varianter er ikke kun kornsorterede, men indeholder også sukker, kunstige smagsstoffer og smagsforstærkere.

× Væskebehovet er højere, så hunde, der drikker lidt, skal opfordres til at gøre det.

Tørfoder kan svulme op i maven og derfor under ugunstige omstændigheder føre til gastritis, som alle store hunde har større tendens til end mindre hunde.

Fordele og ulemper ved vådfoder:

Fordelene ved vådfoder kan delvist udledes af de ovenfor nævnte punkter om tørfoder. Som navnet antyder, har vådfoder et betydeligt højere vandindhold og har derfor en positiv effekt på hundens væskebalance. Vådfoder lugter meget mere tiltalende for hunde og smager normalt bedre. Det er også lettere at fordøje. Tørfoder kan være ret svært for ældre hunde at tygge, mens vådfoder er lettere at spise. Hunde, der er lidt grådige, foretrækker vådfoder, fordi det kan spises i større mængder og derfor fylder mere i maven end tørfoder. Desuden er sammensætningen af vådfoderet i de fleste tilfælde mere artsbestemt, da kødindholdet er højere.

Ulemperne er sandsynligvis også en følge af de foregående afsnit. Da der er behov for større mængder vådfoder for at opfylde det samme energibehov, kræver det på den ene side betydeligt mere lagerplads og på den anden side mere emballageaffald. Den har også en kortere holdbarhed og skal bruges tidligt. Vådfoder er normalt dyrere end tørfoder.

Nu, hvor du er informeret om fordele og ulemper ved de to typer fødevarer, kan du udvide din viden yderligere ved at se på de processer, der anvendes til at fremstille dem. Måske vil det også hjælpe dig med at beslutte, hvilket foder du ender med at vælge til din hund.

Fordele vådfoder

✓ Det smager godt for næsten alle hunde.
✓ Vådfoder er næsten altid den billigste løsning.
✓ Det er let at købe og let at opbevare.
✓ Vådfoder har en holdbarhed på en halv evighed.
✓ Fugtindholdet er højt.
✓ Hunde med følsomme tænder kan godt tygge vådt foder.
✓ Det kan anvendes som fuldfoder, dvs. at du ikke behøver at tilsætte andet som vitaminer, sporstoffer osv.

Ulemper vådfoder

✗ Sammensætningen kan ikke kontrolleres.
✗ Smagsforstærkere og kunstige smagsstoffer findes i stigende grad i vådfoder.
✗ Kødindholdet varierer alt efter sort.
✗ Mange hunde afviser andre typer foder, når de først er vant til én type.
✗ Hvis din hund f.eks. er allergisk, kan foderets sammensætning ikke tilpasses individuelt.

Produktion af tørret foder:

De fleste producenter af tørfoder opvarmer først de enkelte ingredienser. Det gør dem mere holdbare og lettere at behandle. Producenter af tørret mad af høj kvalitet anvender også koldpressning. Fordelen ved dette er, at der går færre næringsstoffer tabt ved opvarmning.

Ingredienserne blandes i en yderligere proces, og væsken udvindes, hvis det ikke allerede er sket. Dette skaber en melagtig masse, som i næste trin presses til de foderstykker, som du til sidst lægger i skålen. Under presningen opvarmes fodermelet igen for at sikre, at det bevarer sin form.

I disse processer mister de fleste af ingredienserne deres aroma og smag. For at sikre, at hunden spiser foderet i sidste ende, er det almindeligt at tilsætte smagsstoffer til de færdige foderstykker. De tabte vitaminer og mineraler tilsættes også på ydersiden af stykkerne bagefter, så oplysningerne i ernæringstabellerne på den færdige pakke er tiltalende. Det er dog tvivlsomt, hvor godt disse næringsstoffer kan omsættes af hunden.

Produktion af vådfoder:

Produktionen af vådfoder omfatter færre trin. De enkelte ingredienser er normalt forkogte, men under meget mindre varme end i tørfoder. Hvis vådfoderet indeholder store enkeltdele, hakkes disse for at opnå en fodermasse, der let kan portionsanvendes. Der tilsættes normalt også yderligere tilsætningsstoffer i form af geleringsmidler, vitaminer og mineraler til denne fodermasse. Når foderet er blevet fyldt i den færdige emballage, f.eks. dåser eller bakker, opvarmes det igen for at få foderet til at holde længere.

Kød, fisk eller veganer?

Det er et spørgsmål, som mange hundeejere stiller sig selv, men der findes ikke ét rigtigt svar. Hunde er både kødædere og altædere - de er både kødædere og altædere. Teoretisk set er det derfor muligt at fodre en hund med en kødfri kost. En rent vegansk kost er dog meget kompliceret og bør kun gennemføres i samråd med en dyrlæge. Til dette formål har du brug for en streng kostplan, som skal følges konsekvent. Det er en kendsgerning, at hunde kan lide at spise kød. De fleste hunde kan også godt lide fisk, som også er en meget god proteinkilde.

Du ved helt sikkert, at en hund er et kødædende dyr. I mellemtiden er den dog takket være evolutionen og domesticeringen blevet altædende. Du kan endda give din firbenede ven en vegansk eller vegetarisk kost. De aminosyrer, der er vigtige for hundens krop, kommer fra køddelen af foderet. Disse aminosyrer kan dog også komme fra veganske eller vegetariske fødevarer. Det vigtige er, at foderet indeholder alle de vitaminer, mineraler og andre næringsstoffer, som din hund har brug for for at leve et sundt liv. Hvor de i sidste ende kommer fra, er fuldstændig irrelevant.

Færdige menuer på vegansk eller vegetarisk basis kan fås i butikkerne. Ifølge nogle tests er disse dog ikke nødvendigvis anbefalelsesværdige. Dette gælder i øvrigt også for færdige barf-menuer. Du har dog mulighed for selv at sammensætte og tilberede måltider til din hund. Du bør dog kontakte din dyrlæge eller en hundeernæringsekspert på forhånd og få dem til at udarbejde en foderplan, der er skræddersyet til din hunds individuelle behov. Hvis du ikke ved præcis, hvor mange ingredienser der er indeholdt i en fødevare, kan der hurtigt opstå mangelsymptomer.

Muligheden for BARFing

Nu er der forskellige måder at fodre på. Mens nogle insisterer fuldt ud på at fodre med tørfoder, elsker andre BARFing. Har du ikke hørt om det endnu? Så er det værd at finde ud af det nu.

Beslut dig for, om det kan være noget for dig og din hund. For at dette kan belyses bedre, vil fordele og ulemper helt sikkert være en hjælp.

Men hvad er BARFing egentlig? Den beskriver den rå fodring af hunden, som er økologisk og artsbestemt. Udtrykket kommer fra engelsk og står for "knogler og råkost". Grundlaget for BARFing er ulvenes spiseadfærd. Råt kød, men også fisk, ben og slagteaffald er på menuen.

Det er ikke kun det, der skal fodres tilstrækkeligt. Lige så værdifulde er grøntsager, frugt, forskellige olier og kornprodukter.

Det er vigtigt at sige her, at mange mennesker tror, at BARFing kun fokuserer på råt kød. Det er dog ikke tilfældet, men derimod drejer det sig om råkost i det hele taget.

Men hvad er fordelene og ulemperne?

Fordele:

- ✓ Din hunds tandstatus vil blive forbedret
- ✓ Den fysiske lugt forsvinder, hvilket sikkert vil glæde mange hundeejere.
- ✓ Pelsen af den firbenede ven skinner smukt på en naturlig måde
- ✓ Konditionen øges, hvilket betyder, at din hund vil have mere energi og udvikle endnu mere kraft.
- ✓ Hunde, der er plaget af allergier, vil have færre problemer med denne diæt. Ofte skyldes disse uacceptable stoffer kun konservering og videre forarbejdning.
- ✓ Skadelige tilsætningsstoffer, smagsforstærkere og farvestoffer vil ikke længere være at finde her.
- ✓ Sygdomme af enhver art forekommer betydeligt mindre hos dyr, der fodres med BARFing. Det kan også være med til at forbedre klager, som du ellers ikke ville have fundet en løsning på.
- ✓ Maden er frisk.
- ✓ De fleste hunde kan lide fersk kød.
- ✓ Du har fuld kontrol over, hvad din hund spiser, og du kan justere individuelt, f.eks. i tilfælde af drægtighed og mange sygdomme.
- ✓ Barfers bruger ingen fyldstoffer, konserveringsmidler eller kunstige smagsstoffer.
- ✓ Der er meget mere variation i fodringsskemaet.

Lad os dog også se på ulemperne på dette punkt. Husk på, at der stadig er meget lidt videnskabelig dokumentation for både fordele og ulemper.

Ulemper:

- ✗ Underernæring står ofte øverst på listen over kritikpunkter, hvilket også bør tages meget alvorligt.

- ✗ En ensidighed indfinder sig hurtigt. Rationerne bestemmes og sammensættes af dig. Desværre er der ingen, der kan fortælle dig, om alt dette er korrekt. Desværre er der ingen borde som dem, der er på de færdige madvarer. Man bør altid holde sig balancen for øje.
- ✗ Der kan forekomme mangel på vitaminer, mineraler eller sporstoffer, som ikke er synlige ved første øjekast. Det er nødvendigt med en konstant tilpasning, som ikke er så let at foretage som lægmand.
- ✗ BARFing skal aftales med en dyrlæge, men kun meget få ejere gør det faktisk. Det er en ekstra indsats, som ikke kan afvises uden videre.
- ✗ Mikroorganismer kan formere sig, hvilket er helt normalt i råt kød. Bakterier kan kun stoppes fuldstændigt ved kogning, men det er ikke tilfældet med BARF.
- ✗ Sandsynligheden for sygdomsudbrud er ret stor (ved nedfrysning kan den minimeres).
- ✗ Barfing kræver information og viden, som du skal tilegne dig. Det er et must at læse op eller tage til en barf-butik efter eget valg!
- ✗ Denne fodringsmetode er tidskrævende, da du skal rive eller koge friske grøntsager, og hvert måltid skal sammensættes.
- ✗ Omkostningerne er højere end det gennemsnitlige tør- eller vådfoder, selv betydeligt hvis du køber billigt færdigfoder.
- ✗ Hvis de opbevares forkert, kan eventuelle bakterier spredes.

Du kan kun selv finde ud af, om BARFing er noget for din hund. Der er dyr, som slet ikke er glade for det. Der bør også tages hensyn til den indsats, det kræver.

Beslut dig i ro og mag og find ud af sammen med din firbenede ven, om du vil begynde, fortsætte eller afslutte det. Under alle omstændigheder er det en mulighed, hvis fordele og ulemper bør afvejes.

Barfing bliver mere og mere populært, selv om det er meget tidskrævende. Her fodres der næsten udelukkende med råvarer. Men det skal du være forberedt på, for det er ikke alle, der har lyst til at håndtere råt kød og slagteaffald. Du skal også tænke på opbevaringsmulighederne. Der bør være et separat køleskab eller en separat fryser til rådighed til dette formål.

Barfing indebærer råt kød, ben, fisk og slagteaffald i skålen. Desuden tilbydes ukogt frugt og grøntsager, men i visse tilfælde skal de tilberedes. Hvis det er nødvendigt, tilsættes særlige fodertilskud og kornprodukter for at sikre, at ernæringsbehovet opfyldes. De forskellige ingredienser skal afvejes nøjagtigt, så det er ikke nødvendigvis let at brække sig.

Der er dog også mulighed for at købe færdige barf-menuer i specialforretninger. Men vurderingerne her er ikke altid særlig gode. BARF står for "Biologically Appropriate Raw Food" (biologisk hensigtsmæssig råkost). BARF-mad fodres råt og ikke kogt eller opvarmet på nogen anden måde. Fordelen ved dette er, at mange følsomme næringsstoffer ikke beskadiges eller ødelægges ved opvarmning. Man henviser til hundens oprindelse og forsøger at efterligne den naturlige måde at spise på. En BARF-kost behøver ikke at være kompliceret. I dag tilbyder mange producenter såkaldte "komplette menuer", der kan bruges som en komplet mad. Du kan få de fleste BARF-madvarer frosset og optø dem derhjemme. Så du bør have nok plads i fryseren. Det er billigere end de færdige BARF-menuer, hvis du selv sammensætter maden. Men hvis du gør det, bør du helt sikkert sætte dig grundigt ind i denne form for ernæring. Her finder du nyttige oplysninger om, hvordan du kan omlægge hunde med forskellige sygdomme til BARF-kost. Det er vigtigt at skelne, for ikke alle hunde har de samme krav. Vi starter med hvalpe og unge hunde, efterfulgt af sunde voksne hunde, ældre hunde og endelig hunde med en følsom mave.

Barfing er blevet meget populært. Mange hundeejere er overbevist om, at dette er den mest naturlige måde at fodre en hund på. BARF betyder "biologisk artstilpasset råkost". Andre ejere ønsker blot at vide, hvad der ender i hundens skål uden at skulle bekymre sig om ingredienser. Andre igen har en hund med fødevareallergi. I dette tilfælde kan måltidet tilpasses individuelt til denne sygdom for at undgå netop de fødevarer, der udløser allergi.

Hunden nedstammer fra ulven, og det er fra denne, at det er fra den, at den brækker sig. En ulv i naturen jager og dræber vildt. Den spiser den så at sige med hud og hår og alt indeni. Organer som hjerte, lever, nyrer og mave, herunder deres indhold, spises også. Denne afbalancerede "blandede kost" forsyner ulven med alle de nødvendige vitaminer, mineraler og sporstoffer.

Denne kost skal nu overføres til hunden. Det skal dog bemærkes, at hundens fordøjelse i mellemtiden har tilpasset sig til dens levevis i løbet af dens udvikling og menneskets domesticering. Derfor er en direkte sammenligning med ulven ikke længere nødvendigvis mulig.

Tilbage til at kaste op: Du ønsker at introducere din firbenede ven til denne kost. Men du vil helt sikkert ikke sende ham ud i skoven for at jage et rådyr. Nej... Du skal gå til et supermarked eller en foderbutik for at købe de relevante ingredienser.

Et Barf-måltid består hovedsagelig af råt kød. Men vær forsigtig: Brug aldrig råt svinekød. Årsagen hertil finder du i det følgende kapitel "Hvad skal der ikke være i skålen? Brug hovedsageligt muskelkød fra okse-, kalve-, heste-, fjerkræ- eller lammekød. Indvoldene og knoglerne må ikke mangle. Der anvendes også en vis mængde vegetabilske fødevarer. En sådan ration suppleres kun med de vigtigste tilsætningsstoffer for at tilføre de manglende mineraler og vitaminer.

Vanskeligheden ligger i at bringe alle disse ingredienser i en balance, der er rigtig for hunden. Man skal huske på, at alle hunde har forskellige og meget individuelle behov. Ved hvert BARF-måltid skal ingredienserne afvejes nøjagtigt, så ingredienserne, vitaminerne og alle de nødvendige mineraler er til stede i tilstrækkelige mængder. Det er den eneste måde at forebygge eventuelle mangelsymptomer på. Disse er hurtigt forprogrammeret, hvis du ikke overholder en kostplan, som dyrlægen har foreskrevet.

Et Barf-måltid består af op til 80 % kødholdige fødevarer. Det drejer sig ikke kun om muskelkød, men også om vommen, slagteaffald, bladmave, brusk, knogler med kødrester og fisk. Kød indeholder proteiner (aminosyrer), mineraler og fedtstoffer.

Indvoldene til et måltid består af mave, hjerte, nyre, lever og lunger. Det giver vigtige mineraler og vitaminer. Lever bør dog kun gives i små mængder, da der ellers kan opstå en overforsyning af A-vitamin, hvilket kan føre til sundhedsproblemer.

Knoglerne sikrer tilførslen af calcium og visse mineraler samt sporstoffer. De tjener også i et vist omfang til tandpleje. Det er bedst at bruge knogler fra kvæg eller lam. Du kan også tilbyde gevirer, kyllingehalse, sener og endda hele lemmer med pels som tyggeartikler. Det er ganske vist lidt usædvanligt. Du skal være villig til at gøre dette af egen overbevisning og derefter acceptere, at et ben med pels fra et andet dyr er på din hunds foderplads. Det er ikke alle, der kan lide det.

Op til 30 % af brækrationen består af vegetabilsk foder. Frugt og grøntsager er vigtige for at give din hund fibre, vitaminer, mineraler og kulhydrater. De grøntsager, der tilbydes, bør altid være purerede, så din firbenede ven kan fordøje dem bedre. Spinat, fennikel, courgetter, agurker, græskar, selleri, rødbede og rødder er alle gode valg. Alle typer kartofler skal altid koges. Den frugt, der tilbydes, kan være overmoden. Du skal fjerne eventuelle kerner og derefter også purere frugten. Du kan fodre med pærer, æbler, bananer, abrikoser og mango. Andelen af frugt må ikke være større end andelen af grøntsager. I et senere kapitel vil du finde ud af, hvad der ikke er tilladt i skålen. Hver barfration skal tilberedes med visse olier, så din firbenede ven kan optage fedtopløselige vitaminer og fortsat få essentielle fedtsyrer. Du kan også kombinere forskellige olier med hinanden. Lakseolie, saflorolie, kokosolie, hampolie eller hørfrøolie er mulige her. Alle disse typer skal helst være koldpressede. Der kan også anvendes forskellige urter. De er ikke absolut nødvendige, men de er et glimrende supplement. Du kan tilføje små mængder brændenælder, persille eller brøndkarse til Fiffis skål. Hunde er meget glade for mejeriprodukter, selv om de faktisk ikke tolereres særlig godt, fordi alle hunde er laktoseintolerante og ikke kan fordøje den laktose, de indeholder. Du kan dog tilsætte små mængder hytteost, kvark eller naturlig yoghurt til din firbenede vens måltid.

Æg er også en del af brækdiæten fra tid til anden. De bør dog kun serveres kogte. Du er også velkommen til at tilbyde skallen, men du skal male den meget fint, før du spiser den for at undgå skader på mave eller tarme.

Som allerede nævnt kan ikke engang et barf-måltid undvære tilsætningsstoffer. Her anvendes visse vitamin-mineralblandinger, som din dyrlæge vil forklare og informere dig om.

Den tilsvarende mængde mad kan kun gives som en generel regel. En voksen hund ved godt helbred får ca. tre procent af sin kropsvægt i foder om dagen. Hvis din hund vejer 30 kg, skal den altså få 0,9 kg frisk foder om dagen. Der skal dog også tages hensyn til aktivitetsniveauet og den aktuelle ernærings- og sundhedstilstand. Andre faktorer er også vigtige for beregningen af den korrekte mængde mad.

Alt dette lyder meget kompliceret, men det er det faktisk ikke. Det vigtigste er, at De behandler dette emne tilstrækkeligt. Kontakt også en dyrlæge eller en ernæringsekspert for hunde for at få udarbejdet en foderplan for din firbenede ven. Som lægmand kan du gøre en masse ting forkert her og skade din hund i stedet for at gøre den godt. Desuden bør du regelmæssigt tage din hund med til dyrlægen, så mangelsymptomer kan erkendes i tide, og foderet kan justeres i overensstemmelse hermed. Desuden skal selve ernæringsplanen kontrolleres igen og igen og om nødvendigt suppleres.

Barfing kan have mange fordele, men det har også lige så mange ulemper, som du skal være opmærksom på. Sammenlignet med færdigretter kræver det en betydeligt større indsats at tilberede maden. Du skal planlægge en masse tid til dette. Desuden kan der hurtigt opstå mangelsymptomer, hvis rationen ikke er sammensat præcist. Du må ikke fodre med for mange knogler, da der ellers opstår knoglefæces, hvilket er smertefuldt for hunden. Der skal være en meget god hygiejne ved forarbejdning af råt kød, da bakterier og sygdomme ellers kan spredes. Du bør ikke opbevare kødet til din hund sammen med din egen mad og kun optø den nødvendige mængde kød, som du har brug for. En hund, der har brækket sig, kan være en potentiel bærer af bakterier. Derfor bør gravide og ældre personer samt børn ikke være i permanent nærhed af denne hund. Den bør heller ikke bruges som terapihund. Barfing kan derfor kun anbefales, hvis man er meget godt forberedt.

BARF til hvalpe og unge hunde

Det er normalt ikke noget problem at omlægge en hvalp til BARF-kost. Hvalpen har endnu ikke vænnet sig til en bestemt type kost. I bedste fald kan du bede opdrætteren om at vænne hvalpen til kød, inden den gives væk. Allerede i de første dage kan hvalpen spise kød samt små mængder af rumen, slagteaffald og grøntsager. Han bør også kunne tåle knogler fra den anden eller tredje måned, selv om det er bedre at give dem i hakket form. Til meget unge hunde bør du hakke maden, så den er umulig for hvalpen at sluge.

BARF til voksne hunde

Selv om det i de fleste tilfælde vil være muligt at omlægge en sund voksen hund til BARF-kost på meget kortere tid, kan du give din hund fem dage ved hjælp af denne plan. Dette anbefales, hvis det er muligt, da det giver din hunds mave lidt mere tid til at vænne sig til det højere fedt- og kødindhold i BARF. Især hunde, der tidligere har fået tørfoder, kan have brug for lidt mere tid, da deres maver er vant til store mængder kulhydrater, men ikke kød eller fedt. Knogler er også vanskelige at fordøje og kan føre til såkaldt knogleudskillelse. Denne afføring er meget hård og kan forårsage smerte, når den udskilles.

Når man skifter foder, mener mange hundeejere, at det er en fornuftig foranstaltning først at blande det gamle foder med BARF. Dette kan dog føre til fordøjelsesproblemer og anbefales ikke. Giv det første BARF-måltid om aftenen, efter at hunden har fastet om morgenen og ved middagstid. Dette første måltid bør bestå af ca. 80 % kød fra oksekød og

20 % grøntsager. Vælg letfordøjelige grøntsager, f.eks. revet gulerødder. Hvis du vil være på den sikre side, kan du også skoldes kortvarigt med varmt vand den første dag for at gøre maden mere fordøjelig. På anden og tredje dag, hvis hunden ikke har nogen problemer, kan du tilføje noget oksekødspumpe og bladmave. Hvis hunden er følsom, kan du udelade rumen og bladmagen igen og skoldes med kogende vand. På den fjerde og femte dag skal du tilsætte slagteaffald til maden. Indvolde bør kun gives i små mængder. Derudover kan kosten suppleres med en anden type kød og grøntsager. Først fra den anden uge bør du indføre bløde knogler, f.eks. kyllingehalse, i foderet, da disse er sværere at behandle.

BARF til hunde med følsomme maver

Hvis der er tale om særligt følsomme hunde, er det alligevel altid fornuftigt at sammensætte kosten sammen med en dyrlæge. BARF-fødevarer kan først gives kogt. Så er de ikke længere rå, men lettere fordøjelige og mere letfordøjelige.

BARF for ældre hunde

Hos ældre hunde kan kroppen have brug for lidt mere tid til at vænne sig til BARF-diæten. Desuden kan fødevarer, der er særligt vanskelige at fordøje, f.eks. knogler, ikke fordøjes så godt. Støt din hund ved at fodre den med hakkede knogler. Finskårne brystben, lamme- eller kyllingehaler er velegnede til at sikre, at din hund får tilstrækkeligt med calcium.

Vegansk kost

Det lyder måske mærkeligt: Hunde er ikke fuldstændige kødædere, selv om vi gerne vil tro det. De kan få næringsstoffer fra animalske stoffer, men også fra plantestoffer. Kun kød ville ikke være godt for vores firbenede venner.

Det betyder, at en vegansk kost bestemt er mulig, men man bør også være opmærksom på tilstrækkelige stoffer som f.eks. fedtstoffer, proteiner, kulhydrater, vitaminer og mineraler. Mangelsymptomer må under ingen omstændigheder være resultatet.

Protein er vigtigt og uundværligt for stofskiftet. Hvis der er en mangel her, går det også kun langsomt fremad.

Hundefoder, der er ægte vegansk, indeholder absolut ingen tilsætningsstoffer fra dyr. Det betyder, at du ikke finder nogen tilsætningsstoffer af animalsk oprindelse, kød, fisk, æg eller lignende på ingredienslisten. Her er der snarere tale om tilsætningsstoffer som frugt og grøntsager, men også kartofler og ris. Vi må dog ikke glemme vitaminer og mineraler, som vi allerede har beskrevet kort. Under alle omstændigheder bør dette også være anført på ingredienslisten, hvis du virkelig vil have et godt foder til din hund.

Hvis du ikke ønsker at skifte helt til vegansk, kan du sagtens give din hund ostemasse. Dette er tilladt og fremmer også optagelsen af proteiner, hvilket er mere end vigtigt. Med en ren vegansk kost er det ikke altid så let at få alting i tilstrækkelige mængder.

Når først manglen er til stede, tager det tid og kræver meget energi at udligne den. Det er bestemt alt andet end godt og sundt for din Goldie. Vær meget opmærksom på dette!

Langt fra ingredienser og co.: Hvorfor skal du overhovedet fodre din hund med vegansk kost? Hvis du stiller dig selv dette spørgsmål, er du bestemt ikke alene. Der er bestemt grunde, der taler for det. Der er også hunde, der ikke kan fodres på anden måde, fordi de har forudbestående lidelser, der simpelthen gør denne form for ernæring nødvendig.

En vegansk kost til en hund er derfor meget tænkelig og gennemførlig. Der er nogle firbenede venner, der er allergiske over for kød, og som derfor skal tilpasse kosten til dem. Men måske er du også selv veganer og ønsker at fodre din hund på samme måde. I princippet er det ligegyldigt, fra hvilken fødevare de nødvendige næringsstoffer kommer, det er kun vigtigt, at de leveres i den rigtige sammensætning og i den rigtige mængde, så der ikke opstår mangelsymptomer. Kontakt din dyrlæge eller en hundeernæringsekspert for at få oplysninger, så der kan udarbejdes en passende foderplan. I øvrigt er tunge keramiske skåle smagsneutrale og afgiver ikke giftstoffer, hvis glasuren er fødevaregodkendt. Rustfrit stål er for let og kan frigive smagsstoffer og endda tungmetaller afhængigt af sammensætningen. Plastik frigiver normalt blødgøringsmidler og er vanskeligt at rengøre.

Vores skåle er ekstra keramiske. ℗

1. allergi over for hundefoder

Der er ejere, der har prøvet alt. Alt hundefoder, der kan købes overalt, er blevet prøvet. Alt gik godt i begyndelsen, men så dukkede de velkendte klager op igen. Allergien begyndte igen, og Goldies tilstand blev forværret.

Ændringen blev foretaget tøvende, men det hjalp: Alt er bedre nu med den veganske kost. Der er helt sikkert hunde, der klarer sig bedre med sådan mad. Dette er et absolut plus for den veganske kost, og hundeejere ønsker ikke længere at undvære det på nuværende tidspunkt.

2. etiske grunde

Men det er ikke altid allergier hos de firbenede venner, der gør det vigtigt at fodre dem. Selv hvis du ønsker at stoppe landbrugets dyrehold i massevis, kan vegansk ernæring være en mulighed. På den måde støtter du din mening og kan gøre noget for din tankegang. På denne måde støtter du dyrevelfærd på lang sigt.

Det skal dog også siges på dette punkt: Hvis dette er årsagen, skal du altid huske på paragraf 2 i dyrevelfærdsloven. Her står der, at en hund skal fodres efter sine behov, hvilket normalt er kød. Så hvis der kun er etiske grunde, bør du igen overveje nøje, om det er en permanent løsning, eller om der ikke stadig er alternativer. Lad os også her se på fordele og ulemper.

Fordele:

- ✓ Vegansk mad er meget let fordøjeligt for din afgift. Så hvis du har en hund, der kæmper meget med fordøjelsen, kan det godt være et alternativ. Men det vil blive bestemt af din dyrlæge. Maveproblemer, der opstår i kort tid, er bestemt ikke endnu en grund, hvis de snart forsvinder. Hvis det ikke er tilfældet, kan en samtale være med til at ændre noget ved fodringen.
- ✓ Som allerede nævnt har hunde, der fodres med vegansk kost, beviseligt færre allergier at slås med. De er minimerede eller forekommer slet ikke. På dette tidspunkt er det dog vigtigt at bevise, at allergierne virkelig er relateret til fødevaren. Der er goldies, der har tendens til at få sådanne problemer alligevel, men de skyldes ikke kosten. I dette tilfælde hjælper en vegansk kost ikke nødvendigvis meget. Allergier er desværre meget almindelige hos denne hunderace. Et fingerpeg om kosten kan være, at din hund næsten ikke kan tåle nogen form for kød, uanset hvilket kød du prøver. Igen og igen reagerer han negativt, og der er tegn på, at du slet ikke kan lide det.
- ✓ Det kan helt sikkert være en konsekvens at reducere vægten. Selv om det lyder meget: Det er bevist, at hver anden hund i Tyskland vejer for meget. Dette gælder naturligvis også selv for let overvægt. Sygdomme som diabetes kan dog også opstå som følge heraf. Hvis din hund har for meget fedt på ribbenene, kan en vegansk kost være et alternativ til at bekæmpe vægttab. Selv en kortvarig ændring kan give succes.

✓ Forskning har vist, at en kost uden kød kan reducere inflammation i kroppen. De fleste af disse undersøgelser er naturligvis foretaget på mennesker. Så det er ikke helt klart, om det har den samme virkning på hunde. Men hvis din Goldie har en sådan tilstand og symptomer, er det helt sikkert en mulighed at prøve. Det er bedre end permanent at ty til medicin.

✓ Selv om det allerede er blevet nævnt kort, bør det under alle omstændigheder nævnes blandt fordelene. Hvis du selv kan lide at føre kampagner for dyrevelfærd og slet ikke bryder dig om fabriksopdræt, kan du yde et vigtigt bidrag på denne måde. Dit dyrs sundhed bør dog altid være vigtig, men hvis du altid er engageret i dette, vil du helt sikkert have dette i tankerne og vide præcis, hvad der er godt for din firbenede ven.

Lad os nu også se på *ulemperne, som* man trods alle de gode tanker og sundhedsaspekter ikke må se bort fra.

✗ Det bliver problematisk, hvis din hund allerede ved, hvordan man spiser kød. En forandring midt i livet er ikke kun vanskelig, men også svært at håndtere i det lange løb. Hvis din hund kunne lide at være kødæder, vil det være svært at vænne den til det modsatte. Du mener det måske godt, men det er ikke alle hunde, der forstår det på samme måde. Så det kræver en masse tålmodighed, og kun tiden vil vise, om det lykkes. Der vil ikke ske nogen ændring fra den ene dag til den anden i et sådant tilfælde.

✗ Det er ikke let at sikre den rigtige sammensætning af fødevarer. Det gør du selv, og det kræver en masse erfaring og ekspertise. Især i begyndelsen af den nye diæt er dette ikke en selvfølge, og det kræver øvelse. Det er vigtigt at sikre en afbalanceret kost hver dag. Det er næppe muligt uden hjælp og rådgivning fra eksperter. Stol ikke kun på tabeller og gode ord fra internettet. Det giver heller ikke nødvendigvis mening at skifte helt med det samme. Her er mottoet trin for trin, men det kræver en masse organisation. Det er ikke alle ejere, der har tålmodighed eller den nødvendige tid.

x Growing Goldies har især brug for mange vigtige næringsstoffer. Det er den eneste måde, hvorpå de kan vokse op uden mangler og uden at mangle noget. Her er kostens balance særlig vigtig, og det kan have alvorlige konsekvenser for fremtiden og væksten, hvis der er permanent mangel på næringsstoffer. Her skal du aldrig gå over til en rent plantebaseret kost, men altid sørge for en blandet kost. Alt andet er ikke afbalanceret i forhold til en ung hunds udvikling og vækst eller viser sig ofte senere med et negativt forløb.

x Der mangler stadig tilstrækkelig dokumentation for, at vegansk kost virkelig er "god". Videnskabelige forsøg og undersøgelser gennemføres igen og igen og konstant, men de er stadig langt fra tilstrækkelige til at danne et endegyldigt billede. Denne kost er derfor på eget ansvar og bør overvejes nøje.

Din beslutning er blevet truffet! Du vil gerne prøve den veganske kost. Årsagerne er ligegyldige i øjeblikket. Du har truffet dit valg, og du er klar til at gå i gang. Så kan de følgende tips helt sikkert hjælpe dig og vise dig, hvad du skal være særlig opmærksom på.

Tip 1: Samråd med dyrlægen

Ud fra et medicinsk synspunkt er der ingen, der kender din hund bedre end dyrlægen, ideelt set siden den var lille. Han ved, om din firbenede ven har nogen nævneværdige allergier, som også ville være til gavn for en sådan kost. Men ikke kun det: Vægt og anden adfærd samt tidligere sygdomme spiller også en rolle og kan bedre vurderes af lægen end af hundeejeren.

Her er det vigtigt, at man virkelig søger samtalen. Hvis det har generet dig i et stykke tid, er det årlige besøg hos dyrlægen et godt tidspunkt at gøre det. Det er måske ikke nødvendigt at lave en aftale i mellemtiden, medmindre din hund har sundhedsproblemer, som du ønsker at få kontrol over igen på den måde.

Tip 2: Fuldfoder

For en god og vegansk kost er det bedst at få en komplet kost. Ikke noget nyt hver dag, men altid kun denne ene. Det indeholder alle de næringsstoffer, som din hund har brug for, og som også er foreskrevet i EU.

Det er vigtigt, at alle de næringsstoffer, som din hund har brug for, er anført på foderet. Hvis du så altid holder dig til den samme komplette mad, gør du alt rigtigt og kan være på den sikre side i denne henseende.

Tip 3: Langsom omstilling

Som allerede nævnt er det vigtigt at foretage ændringen så langsomt som muligt, ikke fra den ene dag til den anden og slet ikke under pres. Det tager tid! Det kan være særligt svært, hvis din hund allerede var kødæder. Han vil være nysgerrig, men tiden vil vise, om han kan lide det.

Det er bedst at tilføje små mængder til den veganske kost først og udelade noget kød. Måske lægger han ikke engang mærke til det. Men der er også meget opmærksomme Goldies, som straks bemærker denne ændring og viser det. Du vil snart finde ud af, hvad reaktionen er.

Hvis det går godt, kan du gå et skridt videre og fjerne endnu mere kød og erstatte det med vegansk kost. Hvis din Goldie når sine grænser, kan du blive ved med den nuværende mængde indtil videre eller gå et skridt tilbage, indtil han er tilfreds med fodringen igen.

Husk altid på, at ændringen ikke bør ske for enhver pris. Dyrets sundhed er vigtigere, og din hund har under alle omstændigheder brug for en tilstrækkelig mængde næringsstoffer og mineraler.

Et lille tip: Bare fordi din Goldie ikke ville fortsætte på et tidspunkt, betyder det ikke, at der ikke vil ske en mere positiv udvikling med tiden. Bare vent lidt.

Tip 4: De første to måneder

Du vil ikke straks kunne se, om din hund virkelig tåler den nye kost godt. Ligesom selve forandringen tager det tid.

Her gælder et tidsvindue på to måneder. Vær meget opmærksom på mængden af afføring og på, hvordan konsistensen ændrer sig. Det er måske ikke altid behageligt, men det er meget vigtigt for Goldies sundhed. Pelsen kan også fortælle en masse. Hvis den stadig er pæn, er alt i orden, men hvis du bemærker ændringer, kan det skyldes ændringen.

Hvis du ønsker det, kan du føre en dagbog her med en daglig registrering. På denne måde vil du hurtigt opdage ændringer og kan handle derefter.

Tip 5: Kontrolundersøgelse

Observation og opmærksomhed er godt, men er ikke nødvendigvis nok i sig selv. Det er derfor meget tilrådeligt at konsultere en dyrlæge efter en vis periode for at fastslå, om der er sket ændringer eller ej.

Det er her, at der er behov for en kontrol. Din dyrlæge vil også tage blodprøver, hvis det er nødvendigt, og kan hurtigt afsløre eventuelle næringsstofmangler, hvis de er til stede.

Ved første øjekast kan det virke overflødigt, især hvis din Golden Retriever har det godt. Men ofte sker der ændringer, som vi ikke kan se.

Hvis alt er i orden, er du på den sikre side og kan gå videre. Undervejs kan du stadig få ekspertrådgivning.

Fordele ved en hund

TVIVL ER MENNESKELIGT

Nogle gange er det ikke let at træffe en beslutning, især ikke når det drejer sig om en hund. Er det godt eller dårligt? Du kan kun selv svare på dette spørgsmål. Men måske har du allerede en hund, og nogle gange kommer du i tvivl. Der vil helt sikkert være øjeblikke i ny og næ, der rejser spørgsmål, som foruroliger dig. Lad være med at hænge dine beslutninger ud, men find i stedet ud af, hvad der kan gøres bedre eller anderledes.

Dette kapitel vil hjælpe dig med at lægge alt det negative til side og se det gode. Her kan du finde ud af, hvorfor en hund kan gøre en stor forskel i dit liv og din familie, og hvorfor en beslutning ikke kan være forkert.

Læn dig tilbage, slap af, og find den følelse, du engang havde.

> **Bemærk:** Disse fordele gælder ikke nødvendigvis kun for en Goldie, men de er generelle og kan derfor også anvendes på andre hunde.

FORDELE FOR DEN FIRBENEDE VEN

Måske vil du blive overrasket: Det, du skal til at læse her, har meget at gøre med dine følelser og tanker. For det er netop her, at det er svært at få et klart billede hver dag. Det er ikke op til dig. Det er livet, opgaverne og hverdagen, der ikke altid giver mulighed for at tænke så dybt.

Men nu har du en ledsager, som du kan søge op, og som vil give dig et svar.

1. følelsen af at være elsket

Hvem ønsker det ikke: at blive elsket! Hvis du har en familie, der giver dig denne følelse hver dag, kan du betragte dig selv som heldig. Den er helt rigtigt, den er vidunderlig og ubeskrivelig. Men selv her kan der være problemer. Disse kan være af meget forskellig karakter. Måske er dine kære ikke hjemme, eller der er opstået et skænderi. Disse tanker kan medføre en masse negativitet, og pludselig har du det ikke så godt.

Eller måske bor du alene. Her er det endnu mere sandsynligt, at du af og til falder ind i uklare følelser og stiller dig selv spørgsmål, som ikke ligefrem opbygger dig.

Som du kan se, er der altid øjeblikke i hverdagen, der får os til at grine og føle os triste. Det er ligegyldigt, om vi er alene eller i et lykkeligt forhold eller sammen med vores familie.

En hund kan ændre din tankegang fuldstændigt. Han giver dig en følelse, som du måske har glemt - bestemt ikke for evigt, men med garanti i lang tid. Din hund beder ikke om noget, men elsker dig simpelthen - betingelsesløst, uden at kræve noget af dig. Lidt mad og lidt klap er naturligvis velkomne og skaber stor glæde. Men i det store og hele har en hund klare principper: "Jeg elsker dig, uanset hvordan du har det!"

Vidste du, at blikket i din hunds øjne kan ændre mange ting? Måske har du allerede følt det nogle gange uden at tænke over det. Nu er det tid. Det, du følte der, var virkeligt og ikke indbildt. Det bedste af det hele er, at det endda er blevet bevist i undersøgelser, at der er noget helt særligt ved at se en hund i øjnene. Nu er du sikkert nysgerrig efter at vide, hvad der ligger bag det? Det kan du være, og svaret følger straks!

Det er videnskabeligt bevist, at det påvirker dit oxytocinniveau at se en hund i øjnene. Hvis du ikke kan forestille dig noget om dette udtryk, er det ikke så slemt, for det er også bedre kendt som "kramhormonet". Det lyder i første omgang godt, ikke sandt? Bare det at se ham i øjnene udløser en følelse af samhørighed og tryghed i dig. Du føler hengivenhed igen, og du vil straks få det bedre, uanset hvad du har oplevet.

Ikke nok med det: Der er en anden reaktion, som din hund kan udløse hos dig. Når du tilbringer meget tid sammen med dit kæledyr, frigiver din krop mere af det såkaldte lykkehormon. Der er også undersøgelser, som beviser dette og ikke lader nogen tvivl tilbage.

Kysse- og lykkehormon: Allerede i dette første punkt bliver det tydeligt, at en hund i dit liv kun kan være godt. Ikke flere dårlige tanker. Her venter kun det positive på dig.

2. nye venner til dig

Måske kender du det fra film: en person går gennem parken og møder allerede en ny person. Lige pludselig, som ved et trylleslag. Men én ting er klart: magi spiller ingen rolle her. Det er kun hunden, der udløser visse ting, uden at den selv ved det.

Lyder det mærkeligt? Ja, men det er sandt. Har du ikke lyst til at prøve det selv?

Uanset om det er i parken eller derhjemme, er det bevist, at sandsynligheden for at møde nogen stiger med 60 %, når du har en hund ved din side. Det viste en Harvard-undersøgelse, der blev gennemført i forskellige byer.

Det hele virker lettere, end det er, end det er. Men især hvis du er en person, der ikke har let ved at omgås andre mennesker, kan det være en stor fordel for dig. Du kan prøve det på denne måde: Tag din hund med og gå en lille tur rundt på det sted, som måske først for nylig er blevet dit hjem.

Se dig omkring, men ikke for tydeligt, og sæt dig til rette på en bænk. Din hund sætter sig ved siden af dig, og så kan magien begynde. Det vil ikke tage lang tid, og nogen vil stoppe, uanset om det er en mand eller en kvinde. I begyndelsen vil samtalen fokusere på hunden, fordi det er sandsynligt, at en hundeelsker også vil stoppe med dig. Der er hurtigt fundet en rød tråd, og efter et par øjeblikke handler det slet ikke længere om dyrekærlighed. Alt udvikler sig af sig selv. Du vil blive overrasket, men dette er et uddrag fra en Hollywood-film. Utallige kærlighedsforhold er blevet skabt på denne måde og har varet hele livet. Selv hvis et romantisk forhold ikke udvikler sig på denne måde, kan det være et venskab, der ændrer hele dit liv.

Det er uden sammenligning en fantastisk fordel at vælge en hund og altid tænke på de gode ting.

Venskaber, relationer og bekendtskaber: Det er op til dig. Din hund hjælper dig kun en smule med at gå denne nye og spændende vej. Men resten gør du helt selv, uden at du måske er klar over det.

Skål for et liv fuld af nye oplevelser og kontakter!

3. tiltrækningskraft

Også på dette punkt er der behov for et par undersøgelser for at skabe større klarhed. Lad os tage et kig på briterne. En undersøgelse foretaget af Direct Line viser, at 46 % af befolkningen mener, at mennesker med dyr ser bedre ud og derfor er mere attraktive. Husk på, at vi udelukkende taler om briter her. En tredjedel af de adspurgte mener også, at mennesker med hunde er mere venlige og empatiske end andre. Det er et resultat af erfaring og det personlige liv. Men lad os også se på de kvinder, der deltog i denne undersøgelse. De sagde klart og tydeligt, at de er mere tiltrukket af mænd, der har eller har haft hunde. Det er et fantastisk perspektiv, ikke sandt?

Så du kan se, at en hund ikke kun kan hjælpe dig med at få venner. Det gør dig også endnu mere attraktiv, og andre mennesker vil holde øje med dig hurtigere, end du tror, det er muligt.

Det kræver ikke et tvunget blik eller meget overtalelse. Det kræver blot en loyal ven ved din side, og så falder resten på plads.

Find ud af, hvor meget sandhed der er i denne undersøgelse, og bliv overrasket over resultaterne.

En hund gør dig glad, og det på mange særlige måder.

4. online dating gjort nemt

Det lyder alt sammen meget lovende. Du behøver blot at have en hund ved din side, og så går processen med at lære hinanden at kende helt af sig selv.

Men det er ikke altid så let for os. Du har ikke altid tid til at gå en tur, eller du har svært ved at vise dig frem i nærheden af andre mennesker. Alle mennesker er forskellige. Men det betyder ikke, at du behøver at gå glip af fordelene. Har du på dette tidspunkt nogensinde tænkt på online dating?

Nu er du måske lidt forvirret! Hvad har det ene med det andet at gøre? Det er ganske enkelt: Også her kan din hund være en meget stor hjælp for dig og fremme mulighederne for kontakt.

Tror du ikke på det? Ja, det er muligt. Enhver god onlineprofil skal selvfølgelig have et billede af dig. Hvad synes du om at vise dig der ikke kun alene, men også sammen med din firbenede ven? Det øger straks chancerne for at finde svar og mulighederne for at finde den perfekte partner.

Det viser, at du elsker dyr, og det udløser altid positive følelser hos den søgende. Ingen kan naturligvis sige, om et forhold virkelig bliver til noget. Det vil kun tiden og de første kontakter vise.

Prøv at få billederne til at se så søde ud som muligt. Det kan du helt sikkert gøre. Hvis du ikke kan gøre det alene, så spørg en ven, så kan du tage endnu bedre billeder, der viser dig og din firbenede ven fra en helt særlig side.

Uanset om det er via en bærbar computer eller mobiltelefon, er det muligt at date hvor som helst, og gode billeder baner en helt ny vej for dig.

Vær ikke genert, prøv det. Det kan være nemmere for dig at finde det online end at få direkte kontakt med det samme. Du er ikke alene. Din hund er ved din side og vil støtte dig.

5. mere form

En ting er sikkert: en hund holder dig i form. Hvis du er typen, der kan lide at sidde på sofaen eller generelt ikke kan lide at bevæge dig, er det slut med det fra den ene dag til den anden.

Det er ligegyldigt, om din firbenede ven bor indendørs eller udendørs. Hvis du har ham ved din side indendørs, er det endnu vigtigere, at du tager ham med ud hver dag. Det er nok, hvis du tager en halv time til at gøre det. Hvis vejret er dårligt, vil du helt sikkert have passende tøj med.

Der er selvfølgelig ikke noget galt, hvis du ikke tager af sted en dag. Professionelle forpligtelser eller andre aftaler gør det altid muligt. Ikke desto mindre er det vigtigt, at man ikke "udsætter det" og holder sig til det.

Hvis din hund er udendørs og derfor slet ikke er et indendørs dyr, kan det være en fordel. Men det betyder ikke, at han ikke har lyst til at gå ture. En hund, der har masser af fri løbebane, vil stadig gerne gå en lille tur i skoven eller parken hver dag. Her er det ganske vist endnu mere ubetydeligt, hvis du ikke kan gå i et par dage, men selv her bør du holde dig til regelmæssig motion med din firbenede ven.

Hvis du læser alt dette, har du sikkert allerede bemærket noget: Du er meget på farten, og det er godt for dig og din krop. Hvis du måske lider af vægtproblemer, kan de snart høre fortiden til. Det vil ikke ske fra den ene dag til den anden, men med tiden vil resultaterne være synlige.

Men det går endnu længere. Du tilbringer meget tid i den friske luft. Det er godt for dine lunger og din vejrtrækning.

Du vil være mere veltrænet og ikke så hurtigt blive forpustet. Hurtige gåture vil snart ikke længere være et problem, og du vil få det bedre generelt.

Men du mærker ikke kun pasformen i din krop, men også i dit hoved. Tankerne bliver færre, og de dårlige tanker træder hurtigt i baggrunden. Drop alting og koncentrer dig kun om dine omgivelser.

Op fra sofaen og ud udenfor. Nu er der en god grund til det, og din elskede firbenede ven vil minde dig om det på sin egen måde. Selv om det er uvant i starten, vil du hurtigt vænne dig til det og indarbejde det i din daglige rutine. Begynd i det små og arbejd dig op til større løb.

Din krop vil takke dig.

6. mindre stress

Som i det foregående punkt vil du få det bedre. Men det er ikke kun din krop, men også dit sind, der vil høste fordelene.

Hvornår har du sidst bevidst gået en tur? Hvis det er et stykke tid siden, vil du blive begejstret over forandringen. Dine tanker spiller ikke længere en så stor rolle, og du kan let slippe dem. Prøv det. Koncentrer dig om din hund, om fuglene og solen. Der er meget at se i skoven eller parken, og spændingerne i kroppen vil slippe lidt efter lidt.

Det er ligegyldigt, hvor dårlig din dag var, og hvilken kollega der slet ikke gjorde dig glad i dag: I den friske luft med din hund betyder alt det ikke så meget mere.

Du kan omorganisere dine følelser og på magisk vis finde løsninger, som ellers ville være blevet skjult for dig. Hvis alt dette lyder utroligt, er det grund nok til at give det en chance.

Men det går endnu længere: En hund hjælper dig ikke kun mod stress, men er beviseligt den bedste medicin mod depression. Her tager det naturligvis også længere tid, før der opstår en effekt. Men når medicinen ikke virker, kan den allerede hjælpe eller endda støtte og dermed forhindre eller minimere et øget forbrug af medicin.

Din psyke er et vigtigt aktiv, og din hund kan hjælpe dig med at beskytte den og se den igen med det positive perspektiv, den fortjener.

7. mere beskyttelse

Du har allerede bemærket det i de historier, du har læst i denne bog: en hund beskytter dig.

Hvorfor det sker, er ikke helt klart, og måske er der for nogle ting slet ikke behov for en grund. Det er dejligt, at det er sådan, og at du kan stole på din firbenede ven i alle livets situationer.

Der er ingen mulighed for at se væk eller komme videre her, som vi ofte kan opleve med mennesker. Det gør os kede af det, og vi spørger os selv, hvorfor det er så svært at hjælpe. Hvis du selv har hjulpet en anden person, ved du, hvor dejligt det føles. Det er ren lykke, og det er ikke længere nødvendigt med en returservice.

Det er det samme med hunde. De gør det simpelthen fordi de elsker mennesket ved deres side - betingelsesløst og uden at bede om en grund.

Men det bliver endnu bedre, og det ville ikke være overraskende, hvis du rystede på hovedet lige nu. Men det, du nu skal til at læse, er bevist, og hunde har gjort det mange gange. Det er ikke alle firbenede venner, der får denne gave, men den findes: Nogle hunde er i stand til at lugte bestemte allergener og dermed lugte prostatakræft. Du har ret, det lyder virkelig "skørt", men det er sandt. Det er blevet bevist, at hunde har været i stand til at gøre dette og har reddet liv på en særlig måde.

Lad os se på førerhunde som et eksempel på dette punkt. Her er der ikke brug for mange spørgsmål. Disse trænede dyr hjælper hver dag, overalt og fra morgen til aften.

Alle disse grunde er hurtigt overbevisende. En hund er en berigelse og giver lidt mere tryghed i hverdagen. Selvfølgelig: Den firbenede ven kan ikke nødvendigvis beskytte dig mod alle farer, simpelthen også fordi han ikke altid kan være sammen med dig. Men hvis han er det, vil han gøre sit bedste og sørge for, at du har det godt på alle dine måder.

8. blive gammel

Dette punkt vedrører ikke din hund, men snarere dig selv. Nu kan det være, at du måske vil vende tilbage og ikke vil læse videre. Men det er værd ikke at springe dette punkt over.

En ting er helt sikkert, og du behøver ikke en krystalkugle for at vide det: Vi bliver alle lidt ældre for hver dag, der går. Det er en anden sag, om du føler det sådan eller om du vil indrømme det, men det er en kendsgerning, som ingen kan undgå.

Det er netop det, der gør denne viden så "uudholdelig" for mange mennesker. De ved, at det er en del af livet, men hvem ønsker at blive gammel? Det ville være meget rarere altid at være et sted i livet, hvor vi føler os virkelig godt tilpas og sunde. Det er desværre ikke muligt, og hvis du tager dig tid til at tænke lidt over det, vil du indse, at det kan blive kedeligt på et tidspunkt.

På dette punkt handler det dog ikke om at tale om aldring i sig selv. Det handler om at finde ud af, hvilken rolle din hund kan spille i den. Du har allerede selv læst nogle af beviserne for dette.

En hund hjælper dig med at holde dig i form. Du ved nu, hvordan man gør det, eller du har endda prøvet det. I den forbindelse kommer minimeringen af stress ind i billedet igen, og en ting mere: din hund sænker dit blodtryk.

Det virker igen lidt langt ude, ikke sandt? Men det er det ikke, for også her er der ikke andet end bevægelse. Hvert skridt sikrer, at dine blodkar udvides, og omvendt falder dit blodtryk. Mange mennesker har her en misforståelse. De tror, at når de er fysisk aktive, stiger deres blodtryk. Det er faktisk ikke så forkert. Folk, der har et følsomt kredsløb og har svært ved at komme i gang, anbefales at gå for at få gang i blodtrykket.

Men hvis du lider af forhøjet blodtryk, så tag din hund med og gå en tur i skoven. Dit kredsløb vil takke dig og slappe af. Men det er sikkert ikke kun blodet i din krop, der er glad, men også din pelsede ven i snor.

Hertil kommer, at man aldrig er alene med en hund. Han er der altid og vil altid være ved din side. Medmindre du af visse årsager ikke kan tage ham med dig, og han har brug for et andet sted at søge ly. Men ellers vil han altid være hos dig, og du vil aldrig føle, at du går alene og ensom gennem dagen. Længes du efter hyggelige timer? Det kan din firbenede ven også give dig, hvis du spørger ham.

Du får også hurtigere sociale kontakter, og du lærer folk at kende, som du måske aldrig ville have kontaktet på egen hånd. Det er nemmere med din hund, selv om den første samtale kun handler om den firbenede ven. Det er ligegyldigt. Det eneste, der betyder noget, er, at ordene kommer frem, resten udvikler sig af sig selv.

Så du kan allerede se, hvor mange områder en hund kan støtte dit liv og gøre det endnu smukkere. Det er pludselig ikke længere et problem at blive gammel, og du ser livet med andre øjne. Alle de ting, der før virkede uopnåelige og mærkelige, er det ikke længere. Lyder det overdrevet? Nej, det er det ikke. Få oplevelsen, se, hvad der ændrer sig, og tak for de vidunderlige timer, der ændrer alt.

Hvem ved: Måske når du på et tidspunkt til det punkt, hvor du fortæller dig selv, at det at blive gammel faktisk kan være noget rigtig godt. Der er så meget mere! Du er ikke alene, du er i god form og fuld af energi. Bliver du gammel? Det er absolut ikke længere noget problem for dig.

9. barnets bedste ven

De positive virkninger på vores afgifter er, som så mange andre ting, videnskabeligt bevist. Børn, der af forskellige årsager ikke har det godt, kan genvinde modet med en firbenet ven ved deres side. Her skal der naturligvis skelnes mellem de to. Der findes hunderacer, som ikke nødvendigvis bør samles med børn. Men da vi taler om en Golden Retriever, behøver du slet ikke at bekymre dig om dette: Han er en familiehund gennem og gennem.

Det er bevist, at børn udvikler færre allergier, når de vokser op med hunde. Der bør naturligvis være visse begrænsninger her, især hvis du har meget små børn. Du må aldrig lade dit barn være alene med hunden. Det er ligegyldigt, om det er en Goldie eller ej. Selv den mest kærlige og rolige familiehund kan misforstå noget og slå igen. Han mener det ikke ondt, men det sker. Hold dig altid tæt på. Det bør heller ikke være absolut nødvendigt, at hunden og barnet slikker på den samme is eller f.eks. deler et tæppe. Det kan umiddelbart virke rart og ikke gøre dig urolig, men som sagt bør der være visse grænser. Din firbenede ven kan hurtigt få en flåt, som i værste fald også kan ramme dit barn og forårsage sygdom.

Så prøv at holde en sund og lille afstand, men adskil ikke de to. Du vil helt sikkert hurtigt finde en god balance, som ikke kun er til glæde for dig, men også for dine kunder.

Følelser spiller en stor rolle for børn. Især når de bliver ældre, kan de blive konfronteret med tanker og følelser, som de ikke forstår. En hund kan hjælpe. Børn, der er hidsige, føler sig beroliget af ham. Men det modsatte kan også være tilfældet. Hvis dit barn er meget genert og har svært ved at komme i kontakt med andre børn, kan en kær firbenet ven styrke dets selvtillid, og visse ting går pludselig af sig selv.

Alle børn bliver teenagere på et tidspunkt, og også her er der visse påviselige fordele ved at have en hund i familien. Unge er generelt meget mere tilfredse med deres omgivelser, når der er en hund i familien. Forhold er sjovere, og de går mindre ofte i stykker.

Med et dyr i huset eller på gården kan du således også skabe noget godt for dit barns fremtid. Afsondring, ukontrolleret vrede og sygdomme (ikke alle, selvfølgelig) bliver sjældnere, og det er bare sjovt. Der er ingen tvivl om, at alle parter har noget at vinde her.

10. genkende betydningen

Det er ikke usædvanligt for nogen at miste meningen med livet på et tidspunkt. Hvor er den blevet af? Med en hund behøver du ikke længere at stille dig selv dette spørgsmål. Han viser dig, hvad der er vigtigt, og hjælper dig også med at styrke mange måder at tænke og egenskaber på.

En stor del af dette er ansvaret. Hvis du har en hund, skal du passe på den. Der findes ikke noget som "i dag har jeg ikke lyst til det". En hund har brug for en vis opmærksomhed. Det behøver ikke at være det samme hver dag, hvis det ikke er muligt. Men det handler om grundlæggende ting og om at håndtere dem på en eller anden måde, når det ikke er muligt for dig selv. Det betyder, at hvis du er ude en dag og ikke kan lukke din hund ud eller give den mad, har den brug for hjælp fra en anden person til at gøre netop dette. Du skal tænke over, hvem du spørger, og finde ud af, om det er muligt. Du må ikke slippe det ud af syne. Din hund har helt klart brug for din hjælp i dette tilfælde. Selv om han ville, kunne han ikke gå hen til naboen og bede om mad.

Ansvarlighed er derfor meget vigtig!

Venskab styrkes også af en firbenet ven. Der er mennesker, som ikke oplever dette i deres liv og ikke ønsker sig mere. Det lyder måske mærkeligt i denne tid, men disse mennesker findes faktisk. Med en hund er denne følelse ikke længere mærkelig, og den baner vejen for en ny fremtid. Måske er det netop denne tilføjelse til familien, der skal til for at nå ud til andre mennesker og få venner for livet.

Desuden kan en hund hjælpe dig med at føle kærlighed og opleve, hvor smuk den kan være helt betingelsesløst. Der er ingen spørgsmål her, og din hund stiller ingen betingelser. Han elsker dig, som du er, med alle dine ujævnheder (som vi alle har, selvfølgelig).

Samtidig er din firbenede ven balsam for sjælen. Der er ingen anden måde at sige det på. Hvis du er ked af det, får han dig til at smile. Hvis du er bange, vil han tage den væk på sin egen måde. Glem alt om bekymringer og tvivl. Du vil få det bedre, når din hund er i nærheden af dig. Du vil finde den balance, som du længe har ledt forgæves efter. Hun er ikke væk, hun var bare væk et øjeblik, og din hund ved præcis, hvor hun er. Men én ting må man heller ikke glemme: En hund hjælper mennesker med at internalisere visse vaner. Du har sikkert også disse, men du vil gerne få et par stykker mere? Så vil din firbenede ven hjælpe dig. Men ikke kun det: Han kan også bryde dårlige vaner. Hvordan gør man det? Det er ganske enkelt, og du har allerede læst om det et par gange. En god vane kan f.eks. være at gå en tur hver dag. En dårlig vane er derimod at ligge på sofaen, når det ikke er nødvendigt. Her kan din hund være en vigtig støtte og hjælpe dig med at tabe det ene og vinde det andet. Lad os overbevise dig.

SÅ MANGE GODE GRUNDE

Du har sikkert bemærket det: Der er så mange grunde til, at en Golden Retriever kan berige dit liv og støtte dig på en positiv måde.

Han får dig til at grine, hjælper dig med at se det gode igen og støtter endda hele familien. Der er ingen grund til at "bøje sig" og gøre en masse arbejde her: alt det vigtige følger med din nye hund.

Han ønsker ikke meget til gengæld, bare lidt kærlighed og omsorg og følelsen af, at du er ved hans side. Men alt dette vil bestemt ikke være svært for dig. Du vil tage din firbenede ven til dit hjerte, så snart han kommer ind i huset eller på gården.

Ja, det er en stor beslutning, men du vil ikke fortryde det. Tværtimod: du vil spørge dig selv, hvordan du kunne have levet så længe uden en hund. Han gør dig glad, ændrer alt og forventer ikke meget til gengæld. Træf din beslutning, og forandre dit liv med den.

Afsluttende ord

En Golden Retriever: en hund fuld af kærlighed, energi og sjov. Det er der ingen tvivl om. Denne bog har banet en vej for dig, som du måske ikke har set før. Den vil støtte dig og give dig råd og støtte.

Det er normalt at være usikker, især hvis du aldrig har haft en hund før. Men nu vil denne tvivl blive mindre, og du vil føle dig mere sikker. Men husk også, at det altid er vigtigt, at du ikke sætter dig selv under pres.

Din hund behøver ikke at lære alting fra den ene dag til den anden, og du behøver heller ikke at vide alt det, du synes er vigtigt, med det samme.

Slå op på den side, du kan lide og tror, du har brug for i dag. I morgen er en ny dag, og hvis du stadig befinder dig på samme uddannelsesniveau, er det alt andet end dårligt. Der er intet, der presser dig.

Du har en grov retningslinje og ved, at din hund skal være velopdragen senere. Det burde være nok for dig.

Du har nu også fået et overblik over pleje og ernæring, og selv emnet sygdomme er blevet gennemgået fra alle vinkler. Men igen skal det siges, at du ikke skal bekymre dig om symptomer og andre forhold hver dag.

Det er altid vigtigt at have en god balance i forholdet mellem hund og ejer. Hvis det er givet, skal der ikke meget mere til. I vil forstå hinanden blindt, og med tiden vil I være det, som mange ønsker at være, og som det også lykkes jer at være: Et godt hold!

Kilder

10 fordele ved at have en hund - for dit helbred og din sjæl. I: tractive.com

At lære at hente: 7 trin til succes. I: tophundeschule.de

Golden Retrievers kost. I: zooplus.de

Fordele og ulemper ved BARF til hunde. I: emmi-pet.de

Stueopdragelse af en voksen hund eller hvalp. I: zooplus.de

Træning af Golden Retriever - Tips fra en professionel hund. I: dog-training-info.com

Golden Retriever grooming, pelspleje. I: goldenr.de

Golden Retriever-profil. I: mein-haustier.de

Golden Retrievers oprindelse og historie. I: goldenr.de

Giver du din hund vegansk kost? Alle fordele og ulemper på et overblik! I: stallbedarf24.de

Træning af din hund i kasse. I: petwiki.com

Leishmaniasis. I: petsontour.com

Struma. I: petsontour.de

Typiske sygdomme hos Golden Retriever. I: einfachtierisch.de

Hvad er kattebakketræning?. I: spiegato.com

Om denne serie: Min hund for livet

Dette er det seneste bind i en serie af kompakte, virkelighedsnære hundetræningsvejledninger. De enkelte racer præsenteres af forfattere, der har mange års erfaring og kærlighed til hunde. Vi ønsker dig mange lykkelige og afslappede år med din firbenede ven!

Vi ville blive glade for en positiv evaluering!

Tryk

Golden Retriever.
M. Mittelstädt, Sherif Khimshiashvili Street N 47 A, Batumi 6010,
Georgia

CPSIA information can be obtained
at www.ICGtesting.com
Printed in the USA
LVHW021500191122
733280LV00026B/1903